我的孩子不听话

4216个捣蛋鬼成就的事

杨钰莹　笛飞儿EQ教育　合著

北京联合出版公司
Beijing United Publishing Co.,Ltd.

这四组照片左右两边的孩子，
都是同一个孩子。

左边是进行EQ教育课程之前的模样，右边是孩子可以管理自己各式情绪的模样。哪一张照片里的孩子比较好，可以被信任，爸爸妈妈们能够感觉出来吗？

每个孩子都有积极向上的天性。
作为家长，不要太过紧张，
不要把焦虑转移到孩子身上，
更不要在施加压力的过程中，
把自身的恐惧、贪心、功利
也传输给了他们。

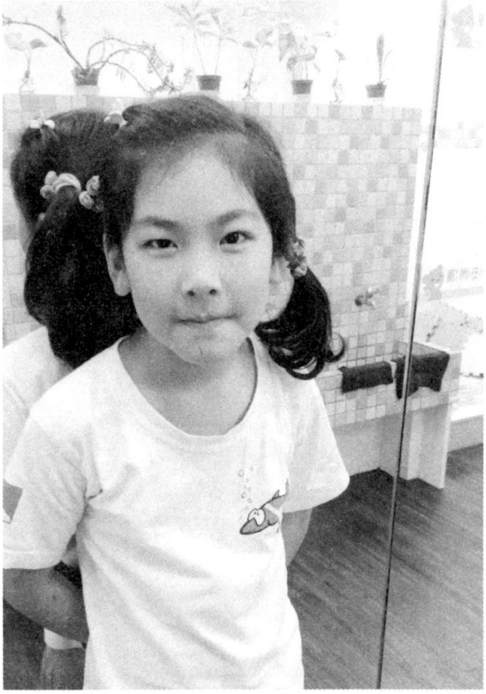

每个孩子都不一样，
用“跳养”的方式去挖掘孩子的潜能，
让自己做最自在的父母，
让孩子做最棒的自己！

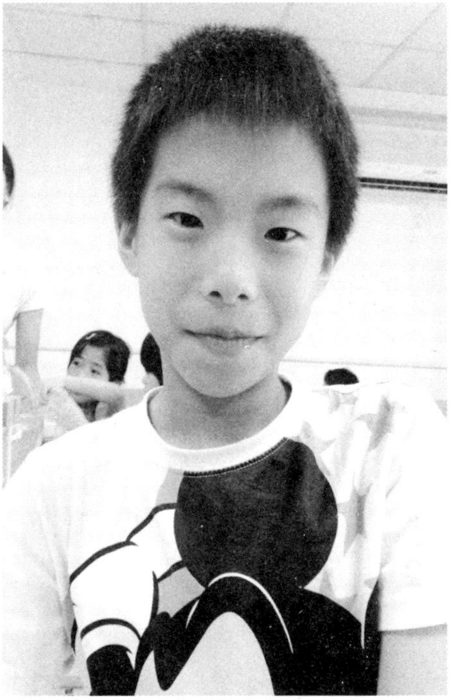

目 录

第 1 章 捣蛋鬼其实很认真：
宥辰的故事——看见那些常被我们忽视的孩子天性

教养的目的是让每一个孩子都
有一颗足够强大的内心！
内心强大的孩子才能
坚强、独立、自信、乐观！

目 录

第 2 章　破解天赋的“情绪密码盒”

——教养者必备的 EQ 知识

每个孩子，都有自己的人生轨迹，
放手，让生命中保留一些不确定的东西，
让孩子自己依靠自己的创造力和想象力，
去发现和寻找。

第 3 章　最难信任的一个人

——“把孩子的生命还给他自己”的爱

父母不是一种角色，而是上天给的功课，
你不必非得成为什么样子……

如何教出好孩子

——洪兰（中央大学　认知神经科学研究所　教授）

坊间有关亲子教养的书很多，但是符合大脑发展规律的却不多，这本书以实例，将正确的教养方式一步步演算给父母看，是非常有价值的一本书。

我曾观摩过瑞士小学二年级的现场教学，当时班上有个小朋友一直在捣蛋。他一会儿站起来，一会儿又坐在地上，其间不断地拿同学的铅笔，摸同学的东西。老师问问题时，也是不举手就抢答。我们当时都很惊讶——老师怎么不当场阻止他，或送他去校长室呢？快下课时，老师说："现在请把今天班上，你最喜欢和最不喜欢的同学行为写出来。"写完后，老师逐一念小朋友们写的东西。所有的小朋友都不喜欢那个捣蛋者的行为，虽然老师并没有念出写的人和做的人的名字，但是那个小捣蛋马上就意识到全班都不喜欢他，第二天他的行为就改善了很多。

老师和我们解释说，小朋友可以从别人的行为中学习哪些事该做，哪些事不该做（就是我们所说的"见贤思齐，见不贤而内自省"），同时他们也需要学习适应不完美的情况，因为世界上总是有些不守规矩的人，做出令人讨厌的事。她要让小朋友们知道，当被人讨厌时，没有人会跟你玩——她用集体的力量去制约坏行为的出现。并且，人只有一张嘴，她去管教了那个学生，就剥夺了其他学生的受教权，所以她没有把属于全体学生的上课时间用到一个孩子身上。

她的话使我想起我们很多老师要用一大半的课上时间来维持班上的秩序，这对守规矩的孩子来说，的确是不公平的，因为时间过去了而他们没有学到东西。

至于训练孩子在不完美的情况下学习，我有一个很好的例子——我跟我先生在阅读时对环境的要求有很大的差别：我先生可以在很嘈杂的地方看书，而我一定要在安静的地方才看得进去。因为他小时候，家里是做生意的，每天人来人往，没有片刻的安静；而我家在台北的文教区，那里是难得有噪音的。环境使我俩的弹性适应程度不同，人的大脑是有可塑性的，小的时候适应环境的能力比较强，所以不妨早一点儿让孩子接触不同的情境。

欧洲国家的教育都是让孩子从实际操作中学习，因为只有经验才会改变神经的连接。书中的例子也都是透过孩子实际的经历让他们去体会和学习的，例如穿鞋子去玩沙，鞋袜中一定会进沙子，即使洗过脚，原来的鞋袜也没办法再穿回去。这个体验让孩子立马学会先脱鞋袜，光着脚玩沙，玩完了，洗好脚就可以再穿回鞋袜了。

本书中对于孩子不听话、无理取闹的各类情况都有很好的教导方法，父母只要有决心，没有教不好的孩子。从小树立孩子正确的价值观，尤其重要。《颜氏家训》说“教妇初来，教儿婴孩”，从小养成好的处事习惯，孩子将终身受用，这本书是个很好的教养手册。

最后，做老师最得意的是教出的学生能够继承自己的理念并把它发扬光大，只有青出于蓝更胜于蓝时，才是成功。我很高兴本书的作者在教养这个领域（尤其是情绪 EQ 的教育上）有这么杰出的表现，我希望她能继续为父母点亮教养的明灯。

教养的最终目的，是希望孩子能够带着父母给他的天赋潜能，走出家门去发挥。

来自家长的心声

家长　吴知融女士（学生　黄麒玮）

我的儿子玮玮上小学后，对学校的课程都是兴味索然，注意力不集中，常常放空，听不进课去。学校的制式化教育，让孩子提不起劲，连带着做事温暾，对自己没期许，对学习没热情，抱着凡事过关即可的态度，即使在学校被同学捉弄也忍气吞声。

三年级下半学期，我把他送到 EQ 教育课外学习班。前半年的玮玮就是个隐形人——凡事都希望老师看不到他，不敢表达自己的想法，否认自己的情绪，遇事就做好好先生，在同学中也处于可有可无的角色。

经过一年多的课程练习，现在的玮玮从一开始拒绝上课，发展到期待每周一次的课程之旅，孩子的改变还是非常明显的。在学校，他上课会积极参与课堂活动，人际关系也变好了，遇到问题会想办法解决，勇于承担责任并表达自己的情绪，从一个凡事都说“好”到敢于开口说“不”，尽管害羞的特质让他不是站上舞台中央的那一个，但他现在却是团体中不可或缺的军师，从一个忧郁小学生转变成了一个有自信、对自我有期待的孩子！

每所学校总有些粗鲁的孩子，故意碰撞欺辱老实的同学，以前的玮玮总是选择隐忍，不断地压抑自己的不舒服。参加 EQ 教育课程半年多后，有一次学校同学勒住他的脖子将他压倒在地，并吆喝其他人打他，这次孩子竟然选择自己面对，在隔周上课时，对带头的同学表达他的抗议，并请他停止这样的行为。当玮玮不再默许同学的暴力后，那位同学也就没有再对玮玮有暴力的行为。一开始玮玮的爸爸还不置可否，认为 EQ 教育课程的老师也许是能够看出孩子的特质，分析孩子的状况，但是孩子的个性是天生的，要让他去跟强权者捍卫自己，孩子不可能做到，但是很奇妙，经过半年多的课程练习，孩子就是做到了！

这样的转变，很大原因是课程老师尊重每个孩子不同的特质，在课程中老师“不是”告诉孩子解决问题的方法，“不是”传授知识和道理，“不是”提供标准答案，而是更多地让孩子去思考问题、感受自己的情绪、表达自己的想法、面对并自己解决问题。老师把许多思考的时间留给孩子，并跟孩子用讨论的方式，引导他们面对自己、了解环境，给予孩子许多种可能性，在 EQ 课程教育里答案永远不会只有一个，也永远没有标准答案。

周围有不少人无法理解，认为 EQ 课程是那些有状况的孩子才需要学习的，而玮玮已经能控管自己的情绪，在人际关系、课业完成方面都没什么问题，相较其他同年龄孩子也更能知道自己的责任，不需要再上课。但其实 EQ 课程，除了自身情绪管理外，也让孩子练习拒绝，学习沟通协商、接纳包容、和他人的互动、团队的合作、自我认识与成长。

我也曾问过玮玮还要不要再上课，但是玮玮告诉我他，喜欢上课，课要继续上。我问：“为什么喜欢参加 EQ 课程教育？”玮玮说："因为那里把上课设计成游戏。"我又问："很多地方的课程也是游戏，为什么就是喜欢这里？"玮玮回答："因为这里的课需要'思考'。"

我想孩子的这个答案已说明一切！在现今的教育环境下，家长甚至是老师，为了学习的秩序与管理，大多都是直接下达指令，孩子只要遵照规范，一切都有标准，都有人告诉他要做什么、怎么做，孩子鲜少有自己思考的需要。但是从我孩子的身上，我深深地感觉到把"思考"的权利还给孩子的重要性。即便只是一个10岁的孩子，把思考交还给孩子自己后，他会学着做自己的主人，能对自己有更好的掌控性，更清楚自己的责任而不是把责任丢给父母。他会对自己负责，也会对自己有所期待。

参加EQ教育课程，最初想法是让孩子能力有所提升，但其实受惠更多的是我自己，在这里课后有45分钟的亲师讨论，透过老师课后的分享，可以让爸妈更了解孩子的表现，也针对不同孩子的特质给予家长教养建议，这方面也让我受益良多，认识到自身情绪管理和教养上的盲点。

很感谢EQ教育课程的存在与坚持，让孩子在刻板的教育体制下，有练习管理情绪、探索自我的地方，这是一块值得投资的翻转教育！

家长　杨俊贤先生（学生　杨致豪）

会接触 EQ 教育，是因为孩子的老师告诉我们，孩子上课坐不住，在班上走来走去，也容易因为小事和同学起冲突，一生气就是一节课的时间；挫折忍受度非常低，时常以“我觉得很无聊、我不想参加、这想法很烂”来逃避班级活动。也曾尝试和孩子聊他的这些状况，但他不是钻牛角尖，就是有一堆借口把责任推给别人，常挂在嘴边的是“都是 ××× 害的啦！”

起初我们怀疑孩子是多动症，所以送去就医，但心理师的评估在正常值，认为可能孩子的先天气质就是如此；职能治疗师的评估为感觉统合不佳、冲动、情绪及人际障碍，复健之后，他的肢体不协调改善许多，但人际方面一直没有进步。在班上也没有朋友，自己也说下课时都和空气玩；并且和老师同学的冲突不断，甚至他自己提出想要转学，逃开那个讨厌的环境。因为他在学校出现的状况越来越多，且看事情出现了许多负面的想法，会记仇然后找机会报复同学，故意和老师唱反调，我们认为这些负向行为越来越严重，所以决定在 EQ 教育方面寻求帮助。

上网找 EQ 教育相关的资料时，搜寻到这里的 EQ 教育网页，上面写着“爱生气、乱打人、不专心、爱计较、没朋友、停不下来、逃避问题、害羞、失败就放弃……”这根本就是我们孩子的真实写照啊，所以我们决定带他来试试，希望他在情绪控管及人际关系方面能有所改善，并且希望他乐于学习、勇于挑战，可以享受快乐的校园生活。

我们是抱着姑且一试的心态送孩子来的，上课后却觉得真的来对地方了。EQ课程的老师十分厉害，第一次见到孩子，就可以在游戏中观察出他的问题，进而提供一些教养技巧，帮助他、鼓励他换个方式面对困境。老师建议我们让孩子学习承担，并鼓励他建立自信心，试着自己做决定并且对后果负责。即使不是主课程的老师，只要和孩子接触过、看过他和其他学员的互动，也能一针见血地点出他的问题在哪里，这一点让我们很佩服。

以前孩子对挫折忍受度非常低，自己觉得做不到的事，无论我们怎么鼓励，甚至亲自示范给他看，他都不愿意尝试，即使勉强做了，只要一出错就不愿再碰。进行了一段时间的课程学习后，孩子可以从发脾气、反抗、不配合，转变为愿意试着面对挑战，愿意接受别人的要求和建议，只是遇到失败就很快又放弃。但渐渐地，他开始愿意在伙伴的鼓励下一同达成目标，也愿意试着挑战更高的目标，甚至会提醒或是帮助他的伙伴一同努力。我们也发现，他生气的时间缩短了，以往闹脾气就是一堂课的时间，现在可以缩短到5分钟内很快地整理好自己的情绪重新出发。

刚来上课没多久，有一次我们大人之间起了争执，两人争得面红耳赤，孩子在一旁突然讲了句："其实你们两个都没有错。""话要好好讲，不要发脾气哦！"那一瞬间让我们觉得"哇！这小子不一样了。"

同时，孩子也变得有耐心了，现在开车出门，他不再每隔几分钟就问："哎呀，到了没？还要多久？"以前出去玩，一看到要排队，他就自动举白旗放弃。现在最高纪录是，他可以排近两个小时的游乐设施的队而不吵闹。以往到公园，孩子总是独自玩滑梯；最近去公园，其他小朋友邀他一起玩鬼抓人，他可以爽快地回答："好啊！"然后尽情玩上半小时，这期间可以遵守游戏规则、友善待人，一切都和以前有很大的不同，现在的他很棒！

在学校里，他不再畏首畏尾，愿意遵守游戏规则和同学一起玩，面对输赢也不再乱生气、对同学大吼大叫，所以愿意和他一起玩的同学变多了，老师也说他明显变得开朗了。上课虽然还是有忍不住站起来走动的情况，但是老师一提醒，他就可以马上坐下，不会像以前那样对老师的指令充耳不闻。现在也不再动不动就说不要上学了。

我们做父母的，也从 EQ 教育老师这里学到不少教养技巧。以往权威式教育的妈妈与孩子的相处总是硬碰硬，但往往大人气到破口大骂，孩子依旧不为所动；而且对孩子严厉的结果，导致他太在乎大人的眼光，事情专挑简单、不会出错的做，也不知不觉地削减了他的自信心和责任感。

开始 EQ 教育课程后，老师除了让我们了解孩子的问题出在哪里，也会提供教养建议，让我们平时和他的互动方式做调整，帮助他可以用更好的方法解决问题。我们也开始能同理孩子的感受，试着站在他的立场了解他的困难，慢慢地他也愿意对父母说出他内心真实的想法。

现今的少子化社会，越来越多"直升机型"家长，造就出成年了仍然活在自己舒适圈的"大小孩"：生活无法自理、不尊重人、遇到问题采取激烈的手段对付……经历了这段改变的过程，我们深深地明白，即使小孩没有很优秀的学业表现，但是有好的问题解决能力、协商能力及自我管理能力，能够掌控自己的情绪，尊重身边的每一个人，遇到挫折不放弃，能设立更高的目标且努力达成，不论环境怎么改变都可以适应得很好时，那么将来对于孩子绝对有很大的帮助，这是他自己的软实力，是别人取代不了的。从小培养孩子的 EQ 能力，绝对是个比学才艺更好的投资。

现在的家庭对孩子的期望，已不单单只是养大孩子而已，还要考虑养得好，给得够，学得透。

作者序

爸妈们都累了吗

2006年9月，我们毅然决然地投入到孩子的EQ教育中，但周遭的反对声不绝于耳，不看好的言论很多。有人质疑：怎么会想要去教小朋友情商——这种“成人的东西”呢？又怎么会有家长愿意舍弃具有清楚结果的成绩、才艺，来购买这种抽象的心理素质呢？

这些冷眼与质疑声使团队中一些最初的成员，也打了退堂鼓。

但是，这几年下来的成绩，真的令我们自豪。

我们成功帮助了许许多多的孩子：

有的从班上的“讨厌鬼”，变成了“人气王”，甚至还当选模范生；

有的从“情绪爆炸高手”，成为了“冲突调节大师”，还勇敢并成功地花了好长一段时间，来化解别人加诸己身的霸凌行为；

有的从老是自顾自的“小气鬼”“自私王”，抑或老是委曲求全、自我牺牲却总是不开心的“小受气包”，成为能够表达自己想法、协调他人意见的“小领袖”。

我经常说，我们的工作就像一个侦探在查案，每一个孩子现在为什么是这样，这是个需要侦破的谜团，而透过这样的谜团，我们一步步展开“侦查”，找到所有前因后果的症结点，然后一步步地解开症结，让孩子成为最棒的样子。

事实上，我挺着迷这样的侦察过程，它可以深入到一个孩子的生命，深入到一个家庭的深处，建立与感受彼此的信任，从老天的功课到家人的功课，一步步地找出源由，还原与雕塑出这个孩子最棒的样子。

社会普遍把教养的责任都放在母亲身上，认为“孩子的问题都是母亲的问题”。事实上，这是一个过度简化与过度单纯的答案。想理解人的世界，最简单的一件事，就是明白真相一定不止有一个。一个人，从基因的设定到教养的介入，从孩子的自主性到整个家庭的脉动，从老天给的功课（先天性格）到家人给的功课再到社会给的功课，一层一层被形塑，我们绝对不是电脑，“谁输入指令 A 就一定跳出 A”这么简单。正是因为这样的复杂性，人才为人，也因为这样的复杂，所以教养很难，难到被称之为“艺术”。我们无法用标准作业程序，创造出经典作品。

我与团队经手这样的“艺术”已经几十年了，很感谢老天以及这些年里各位家长的信任，以及无数“英雄好孩”的切磋指点，使我们的教养成绩单越来越不平凡。许多孩子在这个过程中成为了最好的自己，卓越到上了报刊杂志以及电视，同时也有许多从惹尽各种麻烦的顽童，变身成校园里的风云人物——他们不单有优异的学业成绩，更是在人际关系上与社团活动里都成为杰出的孩子。这些年，我们接触了无数的孩子与父母，也让我们慢慢归纳出许多教养的重点，这些重点绝对不能被忽视与遗忘，因此特汇成此书。

在这本书里，你会非常惊讶地发现，我们几乎没打算告诉你任何教养技巧、教养方式、教养步骤或是亲子相处法则，为什么呢？因为教养这条路，你想怎么走是一个重点，也是很多人在乎的重点，但我们想要提醒父母的是：你要走到哪儿？这才是更重要的点。

教养的目的地，就是我们在这本书里企图与你谈的，我们应该尝试栽培引导孩子的信念、特质或是习惯、个性。

为什么这本书的内容会这么异于常见的教养书？因为在这十几年的经验里，我们看见了每个孩子独特的样貌，都是这样的独一无二。一来，如果只是透过一些单一的策略与方式，来教大家怎么面对自己家里的那位“独一无二”，对于一般人是难以应用的；二来，当一件事的方向对了，路再怎么难走，途中历经怎样的坎坷，我们终究会把孩子放到对的地方；但是方向错了，你学越多关于“容易教养”的方法，越像搭上一台特快车，更快地把孩子送到错误的位置。正如大家所知道的，这世界上没有办法复制成功，但我们可以复制一模一样的“成功者信念”。因此在这本书里，我们将认真地与你谈谈很多教养的误区，我们相信：当这些误区你都深切明白之后，你的教养，终将可以让孩子更有竞争力地在这个世界上好好生存，同时更能展现他的天赋特色，他更能够掌握住这个世界的清婉与美好。

最后，我想以我同时身兼教养研究者与企业家的两种身份，表示教养孩子有两个最简单的方法：一是完全靠天养，成败与你无关；另一个是完全照情绪养，孩子就自己乖乖认命。同时也有最难的方法：针对孩子不同发展时期的需求，给予孩子适当的东西，针对孩子的天赋禀性，给予孩子恰当的磨炼。

事实上，如果你想选择后者（若不是，你也不会购买此书），我想提醒你：这个从完全紧密到完全放手的过程，必须在 15 年内做到，而针对不同孩子又有不同的处理方法，这样的难度，我并不认为比经营公司简单。如果经营一家公司，你可能会愿意倾听专家的建议，所以也请允许我这个儿童教育现场的专家先大胆提示，请忘掉什么“父母神圣的角色”这个头衔吧！因为当父母，没有剧本、没有舞台，绝对不是角色这两个字这么简单；当父母，就是一场修炼，一场自己与无法切割的爱的修炼，一段自我与他人平衡的修炼。

在以下的内容篇章开始前，我预先祝福你：在这场修炼里，更加的圆满、真诚，充满爱也拥抱爱。

附：

以前的旻谚，为了让其他人可以多看一下自己，潜意识里，真的无所不用其极。什么话都可以讲，什么事都可以做，但这些话与这些事，没有一件与重要的事有关，没有一件与目标有关，全都是些惹人发怒与崩溃的事情。

但那真的是好久以前的事了。在经过 EQ 教育课程的历练后，他明白自己可以将潜力用以达成更好目标的道理。

有一天，他对妈妈说："妈，我五年级过得很好，已经不像三四年级那样了，你不用担心我！"以前那个冲动、暴脾气的小子如今已蜕变成会思考、愿意解决问题的小孩了。

刚到这儿的新语，个子小小的，说话也很小声，看起来非常有气质，是位典型的乖巧女孩。“乖巧顺从”为新语获得了不少长辈的赞许，但也让新语在团队中像空气一样毫无存在感。比如，当大家热烈讨论如何完成任务时，新语总是默默不语地在一旁看着听着，没有任何想法意见；无论主导的同学提出来的想法有多荒谬，新语始终不假思索地遵从。当新语遇到问题和困难时，也只是自己一个人默默地面对，然后再让自己在同一个方法中持续地挫败、挫败、再挫败。

在经过一连串的EQ修炼后，现在的新语更懂得看重自己的想法，整个人也有灵气了许多！

现在的新语，仍保有着她的温和稳定，但拥有了更多坦率、灵气，甚至有一些霸气；不过也因为这点霸气，新语除了把自己照顾好外，还能行侠仗义帮助那些跟她以前一样不敢发声的朋友，为她们表达不舒服的感受！

第1章

捣蛋鬼其实很认真

宥辰的故事——看见那些常被我们忽视的孩子天性

教出“妈宝”怎么办

如果我们不拿棍子跟情绪管小孩？孩子会不会太懦弱？

曾经，我们看见过这样一个小学三年级的孩子：口渴了，走出教室找妈妈要水喝；撕纸的时候，手不小心被纸割伤了，走出去找妈妈擦药。擦了药之后，他还是觉得疼，再次走出去。这次他被老师拦下来了，老师告诉他有问题找老师，不能再找妈妈，于是孩子从老师手上领了个创可贴，贴上后再走回去。30 秒后，孩子又走出来了，当然又是打算走向妈妈，被老师拦住后，他说他刚才的创可贴没有贴好，他需要再跟老师要块透气胶布，把刚刚没有贴好的部分，用胶布固定住。于是，老师亲眼看着孩子，把透气胶布，整块完整地贴在创可贴上，没有任何地方与皮肤接触。然后，孩子再次走进了教室……

为什么会出现这样的情况？现在父母手中的教养资源越来越

丰富，他们倾尽全力把所有的资源与潜能都为孩子开发。孩子越来越会说英语，越来越会做数学，越来越精通天文地理，却不知道该怎么生活?

你也对这个问题充满好奇吗?那就让我们先一起耐心看一看宥辰的故事（化名，这是改编自多个孩子的真实行为综合案例）。

宥辰，平常是一个讲话、做事，动作都要大到确定别人会看见他的孩子。他给人的印象就像是一台鼓风机搭配上彩色亮片，在光线的照射下，闪耀不停。

如果今天有人稍微惹到他，哪怕只是轻轻地按到他的小手指，他也会立刻跳起半身高，然后一个回旋转身，刻意帅气又伪装成满不在乎地指着你的鼻子，大叫：“耶～耶～搞什么鬼啊！你这个小屁孩！”他所有的言行举止，就是要让人知道：他是一个如此独特、厉害、不可以被随便招惹的人。

有趣的是，如果今天是一个霸气十足的孩子出现在他的面前，不管这个“小恶霸”说什么、做什么，哪怕已经一脚故意地踩在宥辰的脚上，他也仿佛什么都看不见、感觉不到，没有生气、没有情绪，空气还是如此清新，花好月圆，没什么坏事发生。但如果你不是“小恶霸”，那可就糟了。哪怕你只是吹到他的头发，他也能怒气冲冲，像《九品芝麻官》里的包龙星一样，对着你连珠炮地轰出一大串长达几十分钟的责备与辱骂，仿佛你欠了他三辈子的债，到现在都没有还清。

这就是宥辰。

今天的课程是要去大安森林公园找陌生人玩游戏。宥辰一听见，立刻喊道：“什么？”“真的假的，今天是要去教室外面玩？”他乐开了花，讲话的声音完全高八度，尖锐而兴奋的语调，不断地从他嘴里冒出来，直到要步出门口，打开鞋柜的那一刹那。

“我们不带家长去吗？”

我问宥辰：“为什么要带家长去？”

“应该要带家长去吧！”宥辰的眼神穿过我，看向坐在沙发上的妈妈。而妈妈也立刻获得心电感应，从沙发上弹跳起来，慌忙地准备前往鞋柜穿鞋，伺候小皇帝摆驾。不，是被少爷带出门，唉，不是，是带儿子出门。所有的动作，是如此迅速且理所当然，快到我们如果不小心多吸了一口气，就来不及反应。当然，在吸气之前，妈妈就被我制止了，乖乖地退回沙发上，慌乱的眼神里写着：“这样好吗？我可以这样（违背圣意）吗？”

而宥辰也觉得：“我就是应该把我妈带上，怎么会只有我出去，妈妈坐在沙发上呢？这样不对吧！太不对了！”

由于我的坚持，宥辰犹豫着走入电梯，在电梯中宥辰十分谨慎恐惧——从来没有发生过这样的事情，他该怎么办？会不会因为没有妈妈跟随所以就发生了什么意外？时间夹杂着焦虑，电梯门突然打开，外面凉爽的风扑面而来。一瞬间，宥辰像是接触到前所未有的自由空气，他突然间意识到："天啊，我自由了！再也没有烦人的妈妈在旁边念叨。"于是他变得非常高兴，与好友讲话的声音都是用高分贝，像是直升机卖力地摆动螺旋桨准备升空起飞，一直以"啊！""哇！"那种尖叫声当发语词，拉着好友睿原疯狂聊天，完全忘记旁边还有老师，还有路人，还有街道，还有其他的伙伴。

和风煦煦，日照冉冉，小朋友们走在去大安森林公园的路上。突然，宥辰跟我说："老师，我好渴！""老师，你帮我们去便利店买水喝，好不好？"一讲完，眼睛直接盯住便利店的花花橱窗，满脸的期待与向往，脸上的表情分明是：待会进去我可不想随便买瓶水，而是要买我喜欢喝的饮料。

结果，我淡定地说："出门前就已经问过你们要不要喝水？要不要带水？你们没有人要喝水，也没有人想要带水，现在跟我说口渴我也没办法！"听完这段冷静的话语，宥辰脸上的神情由期待转为颓丧，似乎在说"唉，好吧，我就认了是我自己刚才不带水的"，并急着辩解“我刚才其实喝了一口”。但很明显，走了500米的路程，他已经发现，一口水解不了未来的渴。

请求被拒绝后，大家走进了大安森林公园，开始快乐、疯狂地玩耍。大安森林公园里琳琅满目的游乐器材，许多孩子在里面跑跑跳跳，哪怕只是在一旁看着，细胞都兴奋得想要大叫。在这里，孩子们当然一刻也不愿意停下，仿佛要用尽一生的爱与力气在这里玩个过瘾，似乎只有这样内心才能彻底满足。

这种“用尽一身力气”的做法，使得孩子们很快又渴了。于是睿原停了下来，说：“我好渴，我要去喝水。”说完便离开游戏区，往某个方向前进。宥辰看着好友睿原的举动，小脑袋转不过来了：明明大家都没水，老师也狠心不肯买水，你傻傻地是要去哪里喝？带着满脸的疑惑，宥辰和小千一起，跟着睿原慢慢地离开游戏区，往某个目的地走去。

宥辰跟在睿原身旁，但他却没打算安静着：“喝水？”“你疯啦！这里哪有水可以喝啊？”“老师又不买水，哪有水可以喝呢？”“你身上有钱吗？没钱哪来的水呢？”“你要喝水沟的水吗？”“喝汗水？”“喝口水？”总之，宥辰在一旁发出一连串关于“喝水”的大联想，混杂着“你是不是脑袋开花？”之类的搭配着中文Rap、卡通音调的话。

睿原完全没有理会宥辰，继续走，很坚定地走，在胡言乱语的喝水 Rap 搭配下，持续地走，直到走到了大安森林公园的饮水台旁。睿原毫不迟疑地站上饮水台，按下按钮，低头喝着潺流的、清澈甘甜的水。

看着好友来到这样一个石台子面前，压着上面的按钮，喝着来历不明的水。宥辰脸上的神情十分纠结、疑惑，甚至痛苦，整张脸都呈现出一种“我好想喝！”“我真的快渴死了！”的状态。但是，他的脚却始终站在原地，嘴里吐出来的字也是：“这个地方……这个地方的水是可以喝的吗？”“你竟然就这样子喝水了？你太扯了吧！”“这个水会不会有毒？”看看那个石子座的饮水机，它是如此不显眼地立在路边，喝水处下方的水盆里，不知为何有着零星的沙子。沙子，喝水，路边！沙子不能吃吧！沙子有没有混到水里？这水不知道从哪里冒出来的，水盆下还都是沙子，这个，这么脏，我的好朋友，你，你竟然就这样，喝着这里的水。

睿原一口一口地喝着，手压酸了，停下来，休息一下，再继续喝。而宥辰，则是满脸的复杂、惶恐，不知所措地看着眼前的一切。他知道自己很渴，也看见朋友确实找到水喝了，但是，宥辰没有办法接受，自己就这样纡尊降贵、狼狈地窝在这里，低着头喝着这个不知名的、没有任何品质保证、一点都不光鲜亮丽、没有安全确认包装的水。

睿原补充完之前奔跑与玩耍所消耗的水分后，招招手，热情地对宥辰说："快来喝，你不是也快渴死了嘛！"但是宥辰仍旧处在自己的恐慌里，一动不动，脸上的表情随着朋友的热情招呼，转变成尴尬地傻笑，摇摇手用干燥到有点发疼的舌头与嘴唇说："没关系，我没有很渴，你们喝。"于是，一旁的小千也快步地走去喝水。而宥辰，仍旧苦撑在原地，带着自己干渴的嘴巴与身体，出神地看着眼前的一切，两个朋友轮流地喝着水，露出满足的神情。他们邀请宥辰，而宥辰羡慕又害怕地说着："没关系，其实我没有很渴。"直到两个朋友补足水分，快步地奔回游乐区，宥辰踩着干渴而沉重的步伐跟在他们身后，希望口渴这件事能够在时间中被淡忘，一步一步地，努力地逼着疲惫的身体跟上自己的意志，与朋友一起回到游乐区。

补足水分的睿原与小千，自然又火力全开地玩着，而宥辰已宛若老人般，拖着困乏而沉重的身体，饱受口渴的煎熬，但他还是努力让自己尽可能地快乐着，在宥辰的世界里，玩乐是可以逃避掉痛苦的。而转眼间，睿原与小千已经玩进了沙坑区。

睿原与小千穿着凉鞋，快步走进沙坑区。宥辰想也没想，穿着他的布鞋一起走进沙坑区。所有人的鞋子都理所当然地进了沙子，但是凉鞋进沙与布鞋进沙，显然不同。凉鞋沙子来沙子去，敲一敲踏一踏沙子又会减少，但布鞋呢？沙子来了却去不了，玩了好一会儿，满鞋子的沙子可不好受。一段时间后，睿原穿着他的凉鞋，走出沙坑区，打开水龙头，把凉鞋与脚一起放入沁凉畅快的水下，很快沙子冲走了，脚又干净了。宥辰学着睿原的样子，打开另一个水龙头，把穿着布鞋的左脚放入水下，很快水淋湿布鞋与袜子，沙子却仍旧卡在里面，越冲水越不舒服，这是为什么呢？

宥辰显然不知道这究竟是怎么回事，继续调大水龙头，拼命将自己的布鞋与袜子送进水里冲，让鞋子、袜子与脚子（脚已经变“饺子”了）一起吸满水，把脚包在一团和满沙子的湿布团里，直到我开口：“宥辰，你穿的是布鞋，要冲脚应该要先脱掉鞋子吧！”

宥辰抬头看了看我，快速地脱掉湿掉的鞋子，继续把袜子与脚放在水下冲。显然问题并没有解决。于是这次宥辰把袜子脱掉了，再把脚放到水下冲，手里拎着湿袜子湿鞋子，这次果然将脚冲干净了。于是他又用同样的方法，把右脚放进水里冲，终于两只脚都干净了。宥辰十分满意，准备要离开洗脚区，没想到地上都是沙子，一踩出来，宥辰的脚便又沾到了沙子，于是他又再次踏回去洗脚。洗完脚之后又再踩出来，又脏了，他又回去洗。

如此反复，宥辰就一直在那里洗不停又踩不停。

他手上拿着被水淋湿的鞋袜，以及没有湿的鞋袜，在混来混去之后，最终鞋袜全都湿了。此刻，宥辰已经知道自己进入了一个“寸步难行”的窘境。

睿原早已洗好，对于宥辰的行为，睿原明显很纳闷，但是他没有质问宥辰，也没有嘲笑他，反而又走向水龙头，打开水，两只脚踏进水槽，一边轻松愉快地冲水，一边等着宥辰不断地尝试“如何一只脚又一只脚地轮流洗，却可以两只脚都干净地走出去”。同样也是穿着凉鞋，早已洗好脚的小千，站在旁边，疑惑了：“这是怎么回事？不是洗好脚要走了吗？怎么突然变成一直洗脚？”小千疑惑着，却又不知该怎么开口问，于是小千转身，自己往后走了十几步看看别人在玩什么，又在那里爬一爬楼梯。这时，睿原与宥辰还在不停地洗脚，左脚右脚，右脚左脚，两只脚一起洗，于是小千又无奈地走回洗脚区旁继续等待。

直到我开口：“你们俩必须离开这个位子了！”宥辰才真的一面担心着一面准备离开。我想如果今天不是我开口，或是有一个天大的石头打下来让宥辰必须面对这个问题，那么他可以继续在水龙头下反复冲脚，冲到月黑夜风高也是有可能的。

必须离开洗脚区了，那到底该怎么办呢？一踩出去脚又会沾到沙子，手上的鞋袜也早已湿透。宥辰无助了，他完全不知道他到底是要穿袜子还是要穿鞋子，因为他已经很确定，一旦走出去他又将踩到沙子。于是我看着宥辰，轻声地说："宥辰啊！以你现在这种局势，你只剩下赤脚了。"

听到"赤脚"这两个不可思议的字时，宥辰满脸的惊恐与荒谬。他高声地喊着："赤脚？我怎么可能赤脚！"我说为什么不可以赤脚？你已经把自己搞成这样，袜子也脏了，鞋子也湿了，地上也都是沙子，你只要踩到地上你整只脚都会沾到沙子。你把沾到沙子的脚穿袜子，或者是湿湿的脚穿湿袜子，然后再穿湿鞋子，这全都是不对的！但宥辰也很有自己的坚持，他没有办法赤脚，所以他还是冲水后把湿湿的脚塞进湿湿的鞋子里，然后准备离开。不过他这样，就像史瑞克的黏液沾在身上一样，并不好受。走了几步后，他已经清楚知道这是非常难受的，于是他把自己的鞋脱掉，然后说："老师，你帮我照看一下鞋子好吗？"并开始在那里用不可思议地语气喊着："老师竟然叫我赤脚！老师竟然叫我赤脚！"

宥辰大概赤脚玩了十几二十分钟后，睿原竟然也把自己的凉鞋脱下来陪他赤脚。睿原开始赤脚后，宥辰才开始觉得自己不再是异类，开始敢做自己，自在地走路，自由地行走在人群之间……

前面的故事有些长，但故事里宥辰的某些行为片段，你可能会觉得很熟悉。其实，这样的孩子不正是随处可见吗？虽然故事里某些地方有些夸张，但整体来说，这种缺乏承担力又有点依赖、有点洁癖、有点缺失现实感的孩子，其实很常见。

我们必须看着你的眼睛，直截了当地告诉你：这种你所熟悉的片段，就是“妈宝”的前奏曲。

更让人震惊的是，本章一开头那位不断找妈妈的小男孩，当老师问他：“你是‘妈宝’吗？”他立即跳了起来，大叫：“‘妈宝’！我怎么会是‘妈宝’？‘妈宝’是一个什么事都找妈妈的人，我怎么会是‘妈宝’？”

是的，当孩子不断地找着妈妈，但他并没有意识到自己跟“妈宝”会有什么关联，我们大人也是如此，在我们倾尽全力栽培孩子的当下，一不小心，我们可能就忽略了，或是做了什么关键的事，因此，最后产生的结果，和我们预期的完全不同。在这一章，我们将通过对前面故事的拆解，与一些简单的纲要式问答，帮助你了解到，在教养孩子时，你应该优先注意什么？

孩子对事情的反应很夸张，这是不是有什么问题

宥辰，平常是一个讲话、做事，动作都要大到确定别人会看见他的孩子。他给人的印象就像是一台鼓风机搭配上彩色亮片，在光线的照射下，闪耀不停。

宥辰的情绪反应显著，这是先天气质，也是宥辰与生俱来的特色。具备此特色的孩子，通常让人感觉很显眼，开心的时候，像打上光的钻石一样闪闪发光，整间屋子都因为这种孩子的快乐而满室生辉；但当这样的孩子生气或难过时，又好像琼瑶连续剧在真实生活中上演，让人觉得每个情绪都像被尖针插进心脏一样，难以承受。

这样与众不同的孩子有什么问题吗？当然没有问题。这样的

孩子，如果再搭配上敢为自己争取、主张、表达，能够捍卫自己的权益，以及高企图心，并且不轻易接受自己被剥夺权利等能力时，我们可以告诉你，你将会经常接到学校老师的联络关心，甚至是定期的电话问候。如果你的孩子刚好只拥有上述的优点，我想你一定会很困扰。

但请注意，我使用的词汇是“优点”，既然是优点，显然你完全不需要改正，所以请你千万不要因为收到了这些红字，就开始要求孩子可不可以闭嘴不要表达意见？可不可以不要那么想要赢？可不可以不要反应那么大？

上述的建议可能会让你很惊讶，或许你的下一句话是：“难道老师和我反映，我都不要让孩子改正吗？那我岂不是成了怪兽家长。”你的惊讶与反应都是正确的，但我们想要提醒你的是，改正是必须的，但请千万记得，面对老天给的功课（个性上的相对缺点），我们永远都不应该把优点改掉，如果孩子因为某些特色太显眼而造成困扰，我们就把特色抹掉，那岂不是要让孩子当一个没有特色的人？要改，但不是改掉优点，那到底是改什么呢？

就上面的例子而言，我们会建议你为孩子增加以下几项能力：

- 适当等待的能力
- 温和沟通与表达的能力
- 尊重别人的能力
- 正确理解与面对挫折的能力
- 更适当地自我认识与了解的能力

是的，完全不需要去除掉任何“爱争取”“善表达”“高企图心”以及“反应大”这些问题。当孩子再增加以上几项能力之后，你一样会接到很多老师的评语，但每一句话都会带给你惊喜！

所以当孩子因为某种原因而导致什么困扰时，你不能盲目地去除掉表面特征，要分清楚这些特征的本质，保留优点，同时提升不足的部分，这样你的孩子将会成为一个更好的人！

孩子的异常表现
可能只是渴望被关注

如果今天有人稍微惹到他，哪怕只是轻轻地按到他的小手指，他也会立刻跳起半身高，然后一个回旋转身，刻意帅气又伪装成满不在乎地指着你的鼻子，大叫：“耶～耶～搞什么鬼啊！你这个小屁孩！”他所有的言行举止，就是要让人知道：他是一个如此独特、厉害、不可以被随便招惹的人。

宥辰期待自己能被别人看见，希望自己能成为团体中有分量的人，所以当他被别人不小心碰到的时候，就会用带着挑衅意味的言语来引起他人的关注。因为人际互动技巧的不足，宥辰错认为这种哗众取宠的表达方式，是个绝好的人际互动方法。

像“你这个小屁孩！”这种无伤大雅又嚷嚷半天的方式，当然会让宥辰聚焦在别人的目光下，偶尔还能赢得许多欢笑声。当宥辰感受到大家给他的“热情”回馈时，以为自己是被别人喜欢、被支持的，同时因为这句话没有太过强烈的人身攻击意味（意指针对人格），哪怕事后检讨也能够用开玩笑的理由应付过去。因此，宥辰才会借着这样的方式，调动许多人的情绪，营造出“大家会随着我的表现而欣喜万分”的感觉。

孩子为什么要如此花费心力制造出这种感觉呢？除了他认为的可以建立关系之外，其实这句话还有垫高自尊的功用！正因为有这么多的好处，所以哪怕你千叮咛万嘱咐请孩子不要讲这些话，他们还是会拼命地讲。

自尊是建立在自我认识与自我接纳的基础上的。由于宥辰的真实能力与他对自己的理想期待间有不小的落差，所以当他发现自己的能力不足以呈现出心中的理想状态时，便会用最便捷、有效的遮掩方式——“将别人踩在脚下”。这里并非指真的用脚踩，而是一种心理地位上的优越感。用“只要有人比我差，那我就还是不错”的想法来说服自己，这样宥辰就不用辛苦地努力要求自己，通过提高自己的能力来拉近现实与理想的差距。“你这个小屁孩”这句话就是宥辰让自己处在上位者姿态的策略，虽然会得罪人，但是相较之下他会觉得开心，而且好像其他人也觉得很开心，这笔买卖在宥辰看来十分划算。

面对这类型的孩子，教训他的时候，他会有很多歪理，但放任他继续下去也不行，他们让父母感到头疼，当孩子有这样的行为出现时，建议爸爸妈妈们可以这样做：

一、平日多发掘

带孩子找到自己的天赋与限制，学会接纳自己的局限，明白自己也有不擅长的地方，了解并认识到并非事事都需要一较高下。

比如：“我发现你跑步好像很厉害呀（你有发现吗？），然后你比较不喜欢画画对不对？妈妈也是比较喜欢游泳，不喜欢唱歌。每个人都有自己厉害的地方与不厉害的地方呢！”

二、问题发生时先确认缘由

关心孩子当下的状态，以及这样做的原因，此时应该用关心的方式而非质问的口气，以免无法得到真实的回应。

例如：“咦，小屁孩是什么意思啊？”

千万不要这样做：“你为什么又骂人，又讲一些奇怪的话！”（接着开口大骂）

三、思考其他达成目标的方法

条条大路通罗马，想要完成一件事，且达到同样的效果，并不会只有一种单一的方式，带着孩子找出其他可能性，对错先不用过于计较。

例如：“我觉得你这样讲是挺好笑的，可是如果要更好笑的话，是可以不用嘲笑别人的，很多脱口秀专家都是这样的喔！你要不要想一想怎样可以讲话好笑可是又不用攻击别人呢？”

四、肯定孩子愿意改变的想法

当孩子使用了更正向的策略与方式时，请大力地肯定与鼓励他的努力。

比如说："哇！你这样说让我更清楚知道你怎么了！也让我更愿意帮助你！"

当孩子能够接纳自己的不足并勇敢面对时，他的自尊才会稳固，也才能让他自己的能力得到有效提升，同时透过使用不同的人际互动模式，在得到正向回馈之后，能进而提升自我效能感，形成正向的回圈，如此一来父母也就无须再为此感到烦恼。

你的孩子是否也常常趋利避害

有趣的是，如果今天是一个霸气十足的孩子出现在他的面前，不管这个“小恶霸”说什么、做什么，哪怕已经一脚故意地踩在宥辰的脚上，他也仿佛什么都看不见、感觉不到，没有生气、没有情绪，空气还是如此清新，花好月圆，没什么坏事发生。

宥辰是一个很有趣也让人很心疼的孩子。在与人相处时，为了防止别人伤害自己，为了守护自己周围的和平，他总是戴上一副特别的面具，发出特别的声音，大声说出特别的话。这些都是要让大家知道：“我宥辰，可不是个普通人物。”但是与这种有着强烈个人风格的展现比起来，在某种情况下，宥辰却又会让人感觉和平时完全不同：当有一个气势比他强的人出现时，原本强势的宥辰，瞬间就变成了一只不敢出声的小白兔。

这样的对比表明宥辰又想要“树大”，却又担心“招风”，因此没事的时候，耍个帅，狐假虎威，心情好，但是当“老虎”出现之后，又会赶快把自己藏在草丛里，“老虎”来了，难道我不要命？这就是宥辰的心理写照。更简单地表述：宥辰又要面子，又怕困难和麻烦。这样的他，你担心吗？

聪明如你，可能早就发现这个诡异的逻辑回路，是永远都点不亮灯的。想要得到好处，却又不愿接纳坏处，世界上哪有这样的好事？这个道理我们都懂，但孩子懂吗？他不懂，当然不懂。他只懂他平常用什么方式生活，并假设未来也可能会这样。这句话是什么意思呢？意思就是，当我们看见孩子无法承担、拼命趋利避害时，恐怕是他在日常生活里，有人这么让他得逞了！

有些爸爸妈妈可能会提出疑问，趋利避害，这样不是很识时务吗？面对对自己有威胁的人，懂得避开，懂得明哲保身，这样不好吗？

明哲保身，或许是一种处理冲突的方式，但这种方式，简单来说就是不敢并且害怕面对问题。只要面对可能会伤害自己的人，就会想尽办法赶紧避开，这样的避开，可以让宥辰躲开自己觉得麻烦或害怕的人，但同时也让宥辰失去了学习如何面对比他凶、比他强大的人的机会。逃开了面对问题的勇气，也逃开了解决问题的过程。再多逃一点点儿，就等于逃开了这个很容易会遇到不如意事的世界。

但是，面对这样趋利避害的状况时，请爸爸妈妈不要忙着责备孩子。我们建议爸爸妈妈可以这样做：

一、把孩子惹出来的问题还给他

想要引导孩子学习面对并承担问题，爸爸妈妈一定不能做的就是当孩子的“万能工具箱”。若是孩子遇到困难，便习惯向爸爸妈妈寻求帮助，然后问题便能迎刃而解，这样的状态，等同于剥夺孩子学习用自己的能力解决问题的机会。那么无论你将孩子的身体养得多健康、强壮，孩子的心依旧是那颗易碎的玻璃。所以，不管孩子在寻求帮助时有多么楚楚动人，你都要把问题丢回去给他，这样你不仅可以省掉一些麻烦，还能帮助孩子变聪明，何乐而不为呢？

二、扩充孩子的眼界，让孩子看得更远一些

试着带孩子体验各种不同的生活，认识并关心各个不同状态与阶层的人。可以试着从电影、卡通、文学故事里，了解不同人的生命轨迹，了解发生的事情究竟意味着什么？不同的人又经历着什么？这样的过程，将会帮助孩子的视野不被自己的生命所局限，可以明白眼前的美好，不代表未来的美好；眼前的利益，也不必去急着获取；而真实的满足与快乐，可能需要一些痛苦与磨难来交换。如此，孩子慢慢便会懂得不再着眼于眼前的趋利避害，开始磨炼自己的意志与风骨。只有这样，父母也才能够真正地放下心里的重担。

孩子总是得理不饶人，这该怎么办

刚好有怒气的他，可以像电影《九品芝麻官》里的包龙星一样，对着你连珠炮地轰出一大串长达几十分钟的责备与辱骂，仿佛你欠了他三辈子的债，到现在都没有还清。

这就是宥辰。

心理学有个理论是：“基本归因谬误”（Fundamental Attribution Error）。此论点说明：“人们在评估他人的失败时，即使有充分的证据支持，仍总是倾向于低估外部因素，而高估内部或个人因素的影响。但在评估他人的成功时，则会低估内部或个人因素，高估外在的影响。这样的现象，却又在评估自己的成功与失败时，呈现出完全相反的结果。”

简单来说就是：这是人性的基本思维陷阱，如果我们看到一个人成功，我们很容易觉得那是他幸运，是他祖上积德才可以获得这样的成就。但我们在看待自己的成功时，又倾向性地认为这所有的一切都是自己努力成就的，别人的帮忙只是一种助力而已。

相反，我们在看待别人的失败时，容易觉得这一切都是他自己咎由自取。他多半懒惰贪吃，所以最后才会得到这样的坏结果。但我们在看待自己的失败时，却又会觉得这一切真是“天要下雨，娘要嫁人”，半点儿不由人。一切都是时运不济！

你知道吗？严以律人，宽以待己，是基本的原始人性。当然，这样的本质倾向将会为我们惹出许多麻烦。因此修炼个性，一直是生命中重要的功课。

有太多成年人对老天的这项作业都没有交上一份满意的试卷，所以我们也不能责怪年幼的宥辰会这样将别人的过错，过度放大，穷追不舍。

面对这类型的孩子我们怎么办呢？或许你可以试试下述方法：

一、不随之起舞

孩子穷追不舍、连珠炮轰的背后，有他一直不愿去面对的问题。建议爸爸妈妈在当下试着将孩子当作一位表演者，不必对他生气，也不需要有情绪反应，我们就想象自己是坐在剧院里看表演。

如果这个方法对你真的很困难，那或许你可以试着这样说：“我感觉你很不舒服，也知道你很生气，我很愿意帮忙，我错的部分我也愿意道歉，但是如果你要这样一直骂不停，我也快发火了，等你想到更好的讲话方式，再来找我吧！”然后先行离席。

二、找出问题关键

在孩子一连串的炮轰与埋怨里，绝对会谈到他真正关心的问题。请千万不要听见他讲什么，你就回应什么，然后不知不觉两个人就越讲越远，越吵越失去重点，最后将隔壁的阿猫阿狗都牵扯进来。这样是绝对无法解决问题的。

找出问题的关键，确认孩子是因为这件事而生气。例如：“所以，你觉得我先拿礼物给表妹他们，令你很难过，是这样吗？”确定这是这次情绪的主轴之后，你便可以引导孩子针对主轴去思考与面对问题，而不是一直陷在情绪里攻击别人。甚至是挂羊头卖狗肉，丢出一堆烟幕弹，对着假事件做处理，你无论怎么表达诚意想要解决，都陷在迷雾中。

三、邀请孩子诚实面对自己，解决问题

找出核心问题之后，爸爸妈妈可以对孩子示范：“我很愿意因为‘某个错误’跟你道歉，并且也乐意陪伴你想办法解决问题！但是可不可以请你下次直接告诉我你在难过什么，而不是一直乱发脾气，这样我们都不知道该怎么办！”借着爸爸妈妈坦荡地示范怎样面对问题与承认错误，孩子也将学会如何坦率接纳真实但不完美的自己。要提醒爸爸妈妈的是，所有的吵架，绝对不是其中一方造成的，也请记得提醒孩子要针对自己的错误道歉！

例如：“好，我向你说对不起。因为你是我的小孩，但是我却先关心别人，这让你难过了。但是不是也可以请你跟我道歉，因为你难过，却没有直接对我说，而是先抛出一堆理由乱发脾气！在我向你道歉之后，你还一直乱骂！”

这里要提醒爸爸妈妈留意，面对一直将过错归在别人身上、认为一切都是别人的错的孩子，在教养者技巧纯熟前，很不适合对他们使用尊重、同理、包容等词汇；要尽可能地使用就事论事的方式，一方面对孩子示范冷静讨论的态度，另一方面也让孩子不至于在越演越烈的情绪里迷失，那样不仅离原本要解决的问题越来越远，身边陪伴的教养者也容易感觉无助，甚而情绪不断被孩子挑高。这样父母最多也只能快速给孩子提供策略，然后匆匆离场，或是自己也面临崩溃，一起下场感受情绪摇滚，导致双输的局面，如此也失去了自己想帮助孩子面对问题、提升能力的本心。

孩子对事情为什么
总会有一些意外的反应

今天的课程是要去大安森林公园找陌生人玩游戏。宥辰一听见，立刻喊道："什么？""真的假的，今天是要去教室外面玩？"他乐开了花，讲话的声音完全高八度，尖锐而兴奋的语调，不断地从他嘴里冒出来，直到要步出门口，打开鞋柜的那一刹那。

"我们不带家长去吗？"

像这种"原本要出门的兴奋一下子全不见了，语气中透露着担心，好像少了家长的陪同，自己连呼吸都有困难"的情况并不夸张，此时的宥辰十分缺乏安全感，想着如果出门后口渴怎么办？如果待会肚子痛怎么办？还可能会在半路踩到石头，摔倒了又怎么办？孩子的这些担心也表示，平时孩子只要一个眼神，一声"哎哟"，家长就会立刻扑过来，填补孩子的忧心。或是当孩子"看起来"有一丝危机要发生时，家长就会立即告知"不可以"，天神之手随时驾临，上帝的保护无所不在。或许这很像是平时总会带着导航出门，今天导航送修了，开着车在路上，却不知道往哪里开的彷徨。

想象一下，如果孩子身边就像是有一个隐形防护罩，一切的危机跟尝试都被阻隔在外，孩子平时感受不到真实事件发生的自然结果，缺少自主机会，身边一直都有一个人在保护、处理一切；然后突然有一天，孩子可以离开保护罩去探索外面的真实与新鲜了，这就像一个天大的礼物，从天而降。

不过，当要拆开礼物时，除了兴奋，还有胆怯。他们胆怯的是，这个礼物该不该拆？过去从没发生过这样的事，万一里面是一个炸弹，那怎么办？或是什么恶心的东西，又或者根本是一个“恐怖箱”，才不是什么礼物！遇到第一次发生的问题时，不安与紧张，以及需要别人帮助的念头快速浮现在脑中，这似乎是每个人紧张焦虑时，都会有的共同反应。然而这样的状态越多，也越表示，平时孩子的自主机会太少，缺乏生活经验。因此当机会来临时，孩子虽然感到快乐，但在很短的时间内，孩子又会担心自己没有能力解决接下来会发生的问题，所以在感到快乐的同时，情绪突然又会快速地转为忧伤。

遇到这种类型的孩子，建议爸爸妈妈可以尝试这样做：

一、多让孩子拥有自主尝试生活的机会

例如：自己收拾书包、吃完饭自己收碗盘、自己洗碗。给孩子多一点打理生活的机会与时间，甚至故意式的，把生活中的问题丢给孩子。例如：“爸爸妈妈突然口好渴，脚也好酸，怎么办才

好呢？”让孩子试着去解决问题，爸爸妈妈会发现孩子能做的事情变多了，孩子的独立性也变高了。要提醒爸爸妈妈的是，在开放孩子自主经验的同时，请不要一直告诉孩子什么是对，什么是错，他现在又做对了什么，或是又做错了什么。让孩子学着用自己的角度与头脑来思辨问题的对错，判断焦点、衡量问题。如果无论孩子怎么做，都得经过家长的头脑来判断好坏对错，那么孩子是没办法学会自主能力的。

二、给予孩子真实的生活经验

事件发生的当下，可以提醒孩子接下来可能会发生的事（也可以不提醒），但请绝对不要干涉孩子的行为，让孩子体验真实结果。好比当孩子在椅子上扭来扭去时，眼看他桌上的布丁就要打翻了，爸爸妈妈可以提醒孩子：“你一直扭来扭去没有好好坐着吃，我担心等一下布丁就会翻倒。”但请不要直接移动孩子布丁的位子，或是帮他把椅子拉远一点。爸爸妈妈应该就坐着看孩子打翻布丁，并且教他如何承担这个结果，同时该怎么为自己解决。（当然，如果你已经忙到快断气了，那就先照顾好自己吧！）

当孩子的真实生活经验增加，同时独立解决问题的经验也增多之后，遇上自己没有接触过的事物时，孩子会更愿意自己试试看；这个时候，你将发现，遇到值得开心的事情时，孩子的情绪不再快速转变成忧伤、焦虑，而是会显得兴奋、快乐（当然也还是会有紧张），因为那时的他，已经相信，他有能力可以掌握自己，也相信自己能在过程中表现得很好，展翅高飞。

很多人都说我被孩子控制了，我该怎么办

我问宥辰："为什么要带家长去？"

"应该要带家长去吧！"宥辰的眼神穿过我，看向坐在沙发上的妈妈。而妈妈也立刻获得心电感应，从沙发上弹跳起来，慌忙地准备前往鞋柜穿鞋，伺候小皇帝摆驾。不，是被少爷带出门，唉，不是，是带儿子出门。所有的动作，是如此迅速且理所当然，快到我们如果不小心多吸了一口气，就来不及反应。

和孩子只要有一个眼神的交流，妈妈便能立刻替补上协助的角色，这样的默契实在太好啦！如果把这种配合应用在团队里，绝对可以说是合作无间！所向无敌！不过，如果是发生在亲子关系中，那可就麻烦了！

心理社会发展的八大阶段：0 到 1 岁为信任关键期（Eric H. Erickson）

阶段	年龄	发展特征
1	0 ~1 岁 婴儿期	婴儿时期，孩子向外界传达需求的方式有限（如：哭），因此孩子在表达需求时是否能得到照顾者的理解（安抚）及适时的满足，此形态的顺利发展将有助于孩子在拓展互动时，能在关系中感受到安全和信任。
2	2 ~3 岁 幼儿期	幼儿时期，孩子除了在尝试对身体的掌握控制（如：大小便）或面临父母的规则遵守时（如：被允许做的事），当照顾者面对孩子的脆弱时（大小便失控 / 做不到大人的要求），照顾者若多以责骂 / 指责 / 惩处或多以负向情绪为第一反应，孩子将在发展过程中陷入自我独立的怀疑 / 否定（因为表现不如大人的期待）。
3	4 ~6 岁 学龄前 儿童期	学龄前阶段，孩子正在认识自己是谁，多出现认同父母并且感觉自己是无所不能的状态，当孩子在大量尝试的经验中同时符合自我期待时，孩子将可顺利发展出主动的特征。
4	6 ~11 岁 学龄儿童期	学龄儿童阶段，孩子正式进入校园，开始大量的学习与累积知识，在此阶段孩子若能产生正向学习意愿 / 动机，透过学习获得成就感，将有助于孩子持续勤奋进取。
5	12 ~18 岁 青少年期至 青春期	青少年期至青春期，影响孩子的价值观不再仅仅是由父母或师长所主导，更多时候是同学相处的评价或回馈，因此孩子如何在此阶段发展多元的自我认识及自我整合，将有助于孩子做到自我统整；反之，孩子容易自我混淆，不清楚自己的角色定位。
6	19 ~30 岁 成年早期	成年早期阶段，在人际互动中是否感受到紧密与满足，若无法在互动关系中感到满意或遭受挫败，也就多会感受到孤独。
7	31 ~50 岁 成年中期	成年中期阶段，在投入的领域中（如：职场）是否能感受到价值 / 成就感，此部分将有助于产生积极、正向效能（精力充沛）。
8	50 岁 ~ 生命 终点成年晚期 至老年期	成年晚期时，在回溯过往时，个体进行整合时多是感受到接纳或绝望。

以儿童发展的理论（可参考上页表）来看，孩子还是婴儿时，他们的需求几乎只能用哭的方式来传递。这个时候，如果爸爸妈妈能够在孩子哭闹的第一时间，就出现并给予协助，便能让孩子建立起对这个世界的信任。当孩子开始学会爬、学会走，并且开始大量探索这个未知世界时，就是爸爸妈妈们头痛的时候了，为了不让心肝宝贝受伤，时刻都要跟在孩子身后，确认自己过滤掉所有危险，只有这样才能让孩子安全无忧的成长。长此以往，爸爸妈妈便练就了一身好功夫，父母与孩子的默契不言而喻。

孩子的迅速成长，让我们忘了时间。突然间，孩子已经开始来往于学校与家之间。那时，你还是用着以前的方法在教养他吗？全神贯注地看着他的一言一行，随时准备要安排好他的生活，确认他的安全？

以前的方式，对现在的孩子而言，适宜吗？

父母的协助，或者我们可以称之为“教养”，最终的目的，是希望孩子能够带着我们给他的天赋潜能（基因），走出家门去发挥。

再简单一点，就是我们对孩子的所有协助与栽培，都是为了让孩子拥有在家门外过得快乐、自在与满足的能力。清楚地知道这个重点，并且把这些话刻在心上，然后想想孩子如果要在家门外过活，需要哪些能力。

没有任何一个人（或许除了你之外），有能力对孩子进行心电感应，有能力对孩子无微不至，除非孩子懂得表达自己，懂得经营爱，懂得爱人，懂得和别人沟通与协商、尊重与自律。

因此，别再为孩子模拟一个不存在的世界，如果除了你之外，没有人知道他的这个眼神是想喝水，那你尽管再明白，也请忘了吧！把痛苦、麻烦、费力气、争执以及这个真实的世界还给孩子，孩子会吵、会闹、会累、会抱怨，听起来好像很麻烦，但这就是真实。当孩子懂得应对这些真实的时候，我们自然就不用担心孩子去到一个没有我们的地方时，没办法好好生活。也只有在这个时候，我们可以自信地把手从心口上放下来，相信我们的教养很成功。

你能做自己，孩子也才能做自己

当然，在吸气之前，妈妈就被我制止了，乖乖地退回沙发上，慌乱的眼神里写着：“这样好吗？我可以这样（违背圣意）吗？”

对于妈妈的慌乱，我看在眼里真是又心疼又愤怒。到底是谁抹杀了母亲的自由？

母性为天职，是谁天生就会当妈妈，还是老天给你机会学习好好当妈妈？有多少少女进入到妈妈这个角色后，已经不再关注自己是否感觉舒服、健康、快乐、疲惫、满足，甚至夸张一点连自己是否邋遢都无法顾及。她们将所有的关注点全都投注在孩子身上，那样真的好吗？让我们提醒一下你，如果连妈妈自己都不快乐，孩子是没有办法感觉到快乐的。

在这里我想提一提另一个孩子：宽宽（同为化名）。

宽宽家境富裕，从小受到奶奶百般疼爱，奶奶除了把宽宽呵护至极外，也要求妈妈要无微不至地照顾宽宽，因为宽宽将来会是这个家族的继承人。除了照料上要无微不至外，还得取悦宽宽，这样宽宽长大后才会因为养育之恩，奉养奶奶和双亲（至少奶奶是这样想的）。

所以，宽宽在家除了写作业外，不需要做任何家务，做错事也不会受罚，心情也控制在开心、兴奋、愉快的范围。直到妈妈渐渐发现宽宽的学校生活越来越不顺利，自信心低落、人际关系不好、挫折容忍力极低、自我要求极低、情绪开始极端易怒。诸如此类的问题让宽宽妈妈决定要做些教养上的改变，好让宽宽可以真的好好活着，拥有抗压性、基本的自我要求以及情绪控管能力。

不过，一心一意呵护孙子的奶奶却因为妈妈的改变，愤而将这个“不尽责的妈妈”赶出家门，而当宽宽在面对妈妈对他的要求时，也会使出从奶奶那里学来的：“你这个巫婆！我们家的钱是不要分给你的！我不听你的话，走开！”

你听了也感到不可思议吧！是的，在这样的教养下，我们根本不需要去想未来的宽宽是否能成为一位支撑整个家族的称职继承人，因为在现在这个时间点，你与我，或是任何人，都几乎可以当一个厉害的预言家，预测他如果继续这样下去，恐怕很难守住家族产业，更不会念及什么养育之恩而在妈妈年老、奶奶年迈后，用心照顾他们。因为对一个这样长大的孩子而言，他的世界以及他的立场所看到的观点，就是一切都是为他而运行，那他又为什么要考虑与顾及别人呢?

这个故事很客观地表达了一件事：全心全意为了孩子牺牲掉自己，是十分不恰当的事。孩子的第一个社交场合是家庭，走出家门之后，他们很自然地会复制家里的人际模式。无数心理咨询师在谈论的课题，都是成人意识到自己不断地重复小时候不经意间被扣上的锁，不断地跟未来的伴侣或家人重复自己小时候与父母互动的样子。从小让孩子学习尊重你，就像尊重这世界上的每一个人一样，懂得接纳你的拒绝，就像接纳这世界上任何其他人的拒绝一样。亲爱的妈妈们，这是非常重要的，请做你自己，做最快乐且最棒的自己。

孩子喜欢粘着我，有什么不好吗

而宥辰也觉得："我就是应该把我妈带上，怎么会只有我出去，妈妈坐在沙发上呢？这样不对吧！太不对了！"

每当看到孩子站在门口，呈现出一种可以出去玩的开心，却又同时交杂着妈妈怎么没有要跟我一起出去的担心与胆怯时，那种复杂矛盾的表情，真是令人不禁莞尔。自主探索和情感依附，什么时候变成了选择题让孩子变得犹豫不决、踌躇不前？

脑神经科学提到，镜像神经元有如一面镜子，能反映出他人的情绪并让自己呈现与他人相同的情绪状态。这个特征在婴儿时期就已经可以明显看到，所以我们在婴儿面前做出夸张笑脸时，婴儿也会跟着我们露出笑容，当我们做出哭泣或愤怒的表情时，婴儿也会露出伤心、生气或惊恐的情绪（注意：某些婴儿因天生镜像神经元密度较低，将没有此反应，但这些婴儿也将在人际发展上遭遇到更多的困难）。

既然婴儿都能觉察他人的情绪，又何况朝夕相处、情感深切的母子呢？所以古人说："伤在儿身，痛在娘心。"然而，亲子情绪相连的紧密度虽然很重要（帮助婴儿存活以及透过依附者认识、探索这个世界），但过度的情感炼结与生活依赖反而对亲子关系有害。这是为什么呢？

我们再举个例子：花花是个非常聪明的孩子，但是她到哪里去都必须带着妈妈，如果妈妈不能一同前去，花花便会哭得稀里哗啦、无法行动。

所以，妈妈便为了花花离职，每天和花花一起上学、一起上厕所、一起陪她和朋友玩游戏、一起放学、一起……除此之外，只要花花发现有事自己做不了，便会开始大哭："我想妈妈……"（妈妈当时就坐在教室门口），弄得妈妈焦虑不堪，心力交瘁。

但是，你认为花花是真的想妈妈吗？

显然不是。其实花花误将妈妈的能力贴在了自己身上。在过去和妈妈相处的过程中，花花从心里认为和妈妈在一起时的好表现，就是自己最真实的样子（但中间有许多妈妈的帮忙），因此，她是应该要做出"这种"高水准的表现的：积木应该可以叠到那么高，画画应该要画得那么圆（而且是很轻松的）。所以当妈妈不在身边，而花花开始发现自己无法达到这样的水准时，便无法承受那个无能的自己，于是开始慌张、哭泣，虽然她嘴里喊着：想妈妈，但事实上，花花只是需要呼唤妈妈来解决遇到的问题，让花花继续相信自己是个棒小孩（当然也有其他个别状态，请勿随意论断他人，此分析脉络以故事主角为例）。

久而久之，花花对自己能力的假象渐渐变成一种虚假的自我认同，包住的糖衣其实是一层毒药，为了这个虚假的美好，孩子越来越害怕探索真实世界，越来越害怕面对困难险阻。她开始照着你的意见行动，做你认为对的事，不敢为自己选择、判断与承担，不做任何你认为她不应该做的事（或是稍微做了就痛苦地跑回来求救，承认你是对的，她是错的）。当然，通过你的精准判断与规划，孩子可能直到 50 岁都不曾遭遇什么大风浪。但是，你留在她身上的天赋潜能，只是为了让她可以呼吸、吃饭、活下去吗？孩子不曾发挥什么、创造什么，这样真的值得吗？

有很多人羡慕衔着金汤匙出生的孩子，你也曾如此吗？请让我们告诉你，老天是公平的，每个人都有属于自己的功课与挑战。夹带着万贯家财来到世上的孩子，总是很容易就太有面子，很容易就获得太多，在这样的过程中，要引导孩子抵抗这些赞美与物质的诱惑，引导他不要轻易戴上属于别人的面子，引导他学习真诚地为自己努力与创造价值，其难度是远远高于一般家庭的。稍微一不小心，孩子就会习惯这一切，忘记发挥父母留在他身上的基因潜能，来为自己、社会创造价值；一不小心，就会为了所谓的面子而滥用手中的权利。

很多时候，孩子就这样“一不小心长大了”；当我们发现时，自己也已经无能为力了；也是在这样的很多时候，整个庞大家族就慢慢地消失了。但或许，这就是老天制造的功课与平衡吧！

现在，你还打算让孩子总是习惯与你一起行动、走哪儿粘你到哪儿吗？

学会把孩子的问题还给孩子

由于我的坚持，宥辰犹豫着走入电梯，在电梯中宥辰十分谨慎恐惧——从来没有发生过这样的事情，他该怎么办？会不会因为没有妈妈跟随所以就发生了什么意外？时间夹杂着焦虑，电梯门突然打开，外面凉爽的风扑面而来。一瞬间，宥辰像是接触到前所未有的自由空气，他突然间意识到："天啊，我自由了！再也没有烦人的妈妈在旁边念叨。"于是他变得非常高兴，与好友讲话的声音都是用高分贝，像是直升机卖力地摆动螺旋桨准备升空起飞，一直以"啊！""哇！"那种尖叫声当发语词，拉着好友睿原疯狂聊天，完全忘记旁边还有老师，还有路人，还有街道，还有其他的伙伴。

有人说为人父母是完整了生命蓝图，有人说为人父母是甜蜜的负荷。无论哪种说法，相信成为爸爸妈妈的您，能深刻地感受到了个中滋味。有时酸，有时甜，有时苦，有时淡，有时辣（关系紧绷）。但无论如何，我想多数人都有着同一个期望：希望自己的孩子好。希望自己的孩子能健康、快乐、幸福，甚至可以去创造一个有价值、有竞争力的人生。

那么，该怎么让孩子好呢？有蚊子，我们就帮他打蚊子；跌倒了，就帮他打地板；吵架了，就帮他打小孩；作业太多，就帮他打老师？是这样吗？

相信明智的你清楚知道答案绝对是否定的。

用我们的能力帮孩子解决他眼前的难题，就是帮孩子铺一条通往死亡的路。

那么，究竟该怎么办才好呢？我们希望孩子好，又不能如此直观地对他好，难道要对他坏吗？但是看着他水汪汪的眼睛，心里又舍不得，到底应该怎么办好呢？

请让我们教给你一个简单的方法：教养需要做长远计。想想孩子走出家门之外，需要学会什么？需要具备什么？这些就是教养的关键。

那长远计是什么呢？长远计是今天没有你在孩子身旁，孩子还是可以生活得精彩。因此这个时候我们要忍住心痛，告诉孩子他要如何面对这个问题，如何保护自己，如何接纳损失，如何再为自己站起来。

请千万不要为了孩子此时片刻的安全而随侍在旁，帮他清除所有危险，把他放进玻璃罐里，像小王子保护玫瑰花一样地保护他。把真实还给孩子，把新鲜还给孩子，把世界还给孩子，这个过程虽然好像也把孩子送到了危险面前，但是懂得辨识危险比逃避危险重要太多。而那些懂得面对危险，抵挡诱惑，并始终能管理好自己的人，也远比那些从来不曾遇过危险，只要碰见危险就深陷其中，不懂得处理应对的人拥有太多的竞争力。

教养最忌讳的就是头痛医头、脚痛医脚（只注意燃眉之急的问题）。感觉孩子面临了学习上的困难或人际关系上的压力时，就让老师放低要求给孩子及格，甚至拜托老师安排个朋友给他，这个方法好像是给了孩子一切美好的愿景：空气如此新鲜，世界如此美丽。但是事实上这样的行为，却剥夺了孩子能力发展的机会（耐挫力、人际交往能力、问题解决能力、适应力等）。日子不断向前，突然有一天，你会发现你扛不动孩子了，也是在那一刻，花好月圆的景象，会像斑驳的泥墙，瞬间倾斜坍塌。

试着看孩子痛苦一下，是很有必要的

和风煦煦，日照冉冉，小朋友们走在去大安森林公园的路上。突然，宥辰跟我说："老师，我好渴！""老师，你帮我们去便利店买水喝，好不好？"一讲完，眼睛直接盯住便利店的花花橱窗，满脸的期待与向往，脸上的表情分明是：待会进去我可不想随便买瓶水，而是要买我喜欢喝的饮料。

结果，我淡定地说："出门前就已经问过你们要不要喝水？要不要带水？你们没有人要喝水，也没有人想要带水，现在跟我说口渴我也没办法！"听完这段冷静的话语，宥辰脸上的神情由期待转为颓丧，似乎在说"唉，好吧，我就认了是我自己刚才不带水的"，并急着辩解"我刚才其实喝了一口"。但很明显，走了500米的路程，他已经发现，一口水解不了未来的渴。

面对上述故事里，老师如此冷静的回应，也许爸爸妈妈们会惊讶：要是不给孩子买他们想要的，他们一定会“一哭二闹三上吊”，把全套的招数都使一遍。怎么这个宥辰还能够接受这个现实呢，不是都试图耍赖了吗？

能够接受坏结果，表示宥辰已经慢慢具备对自然结果的承受力。“种瓜得瓜，种豆得豆”，要培养小朋友选择与承担的能力，有时候确实需要让孩子面对这些后果。其实孩子并没有我们想象得那么脆弱！只是我们都非常希望孩子的成长过程可以平安喜乐，于是尽可能地帮他们事先避开那些看似“不必要”的错误。但其实这样的行为，事实上是我们大人在避开自己的脆弱。

家长们要学会适度地拒绝孩子的需求，并且让孩子尝试错误。就像打疫苗一样，当下孩子会痛得哇哇叫、想要跑开，可是谁不是这样长大的呢？能够不时地给孩子这样的磨炼，孩子就能在痛苦之后继续勇往直前，耐挫力与承担力也就能不断提升。

在这个喝水事件中，宥辰就了解到，原来每次临出门时，爸爸妈妈一直叮嘱他：要喝水、要带水，就是为了让他很累很渴的时候能够休息一下。爸爸妈妈的生活经验一定比孩子多很多，能够“看到”的地方也比孩子远太多，可是这个年纪的孩子没有这么完整的思考判断能力，以及事物因果的联结能力，所以他们只能看到当下，没办法做到未雨绸缪。如果我们总是一直对孩子耳提面命，除了孩子嫌弃我们唠叨之外，恐怕还会让孩子失掉现在为自己选择、为自己承担，未来为自己计划、为自己打算的能力。

因此，老师让宥辰实际经历了这件事，他就能更深刻地了解，为什么爸爸妈妈总是提醒那么多，究竟只是在瞎操心，还是真的有意义。事情在没有真实发生在他们自己身上时，孩子是感受不到的。

好面子的宥辰即使知道这是自己选择后的结果，但他也没有办法低下头承认自己的错误，只好赶紧找个理由合理化解除这种讨厌的感觉，心想："其实我刚刚有喝水！我才没有那么笨！"这样就能让宥辰内心的失落感减少。这就是心理学大师弗洛伊德所说的防卫机转，其实每个人内心都有一些我们不想面对的事，防卫机转就是为了保护自己避免受伤。用一个自己或是社会上能够接受的理由来解释自己的行为，让它看起来合乎常理，这是很多人都会有的现象。但这样骗着骗着，事情就会解决吗？我想宥辰生理上的渴是没有办法解决的，合理化的自我防卫是治标不治本，不过至少在这样的过程中，宥辰倒是越来越能了解为未来做打算的重要性。

以宥辰为例，你可以明白：试着睁开眼睛，忍住自己的不舍，看着孩子痛苦一下，是很有必要的。

让孩子学习自己解决问题

请求被拒绝后，大家走进了大安森林公园，开始快乐、疯狂地玩耍。大安森林公园里琳琅满目的游乐器材，许多孩子在里面跑跑跳跳，哪怕只是在一旁看着，细胞都兴奋得想要大叫。在这里，孩子们当然一刻也不愿意停下，仿佛要用尽一生的爱与力气在这里玩个过瘾，似乎只有这样内心才能彻底满足。

这种“用尽一身力气”的做法，使得孩子们很快又渴了。于是睿原停了下来，说：“我好渴，我要去喝水。”说完便离开游戏区，往某个方向前进。宥辰看着好友睿原的举动，小脑袋转不过来了：明明大家都没水，老师也狠心不肯买水，你傻傻地是要去哪里喝？带着满脸的疑惑，宥辰和小千一起，跟着睿原慢慢地离开游戏区，往某个目的地走去。

宥辰跟在睿原身旁，但他却没打算安静着：“喝水？”“你疯啦！这里哪有水可以喝啊？”“老师又不买水，哪有水可以喝呢？”“你身上有钱吗？没钱哪来的水呢？”“你要喝水沟的水吗？”“喝汗水？”“喝口水？”总之，宥辰在一旁发出一连串关于“喝水”的大联想，混杂着“你是不是脑袋开花？”之类的搭配着中文 Rap、卡通音调的话。

这样的宥辰，让人觉得好气又好笑。我们必须称赞宥辰在自己遇到困难时，能够勇敢地向他人（老师）提出要求（请老师买水），这是很好的能力。同时在很累的时候，他还可以从喝水这个目标里，爆发出一大串的联想与 Rap。如果刚好你是他的母亲，可能在当下很想找一面墙撞晕过去算了，但事实上，我必须告诉你，这样的缺点后面，可能隐藏着宥辰所具有的极大的创意力、语言表达与节奏天赋。简单来说：他说不定会成为未来的脱口秀专家！

我们教养的目的，是要孩子学习自己解决问题，而不是总是依赖别人的能力。从宥辰让老师买水碰了钉子，到最后自己真的渴到快被晒成菜圃时，身旁的好友突然一副胸有成竹的样子要去解决问题，这一连串的反应，显示出宥辰：

一、自我表达能力佳

在面对问题或困难时，宥辰能够表达出自己的想法，甚至也有能力要求别人帮助自己解决。不管是直接要求或是间接暗示，在这个故事中我们可以很清楚地看到这个脉络。

二、问题解决能力薄弱

在思考如何让自己喝到水时，宥辰容易被局限在自己带水或是去买水的直线思考中，无法进行破框思考，让脑筋转个弯、换个角度去看问题。长此以往，未来在遇到问题时，宥辰很容易就卡住，陷入苦恼和无助的循环中。

面对像宥辰这样的孩子，不解决问题又爱说风凉话。请爸爸妈妈们理解：问题解决的能力与承认自己不好、需要再改进的自省能力，绝非一蹴而就。这些能力同时与孩子觉察问题的敏锐度、面对问题的勇敢、思考弹性程度的高低、搜寻环境资源的能力有关并且也跟孩子的生活经验刺激的多寡等有着高度的关系。

幸运的是，脑神经科学研究表明：人类的大脑具有高度可塑性，多接触各式各样的人、事、物，增加不同的知识与经验，可以增加大脑神经的新联结回路，且通过大量练习可以增快神经传递的速度，借此增加思考的速度与弹性，所以孩子的能力绝对能够透过练习与磨炼来提升。建议爸爸妈妈们可以这样做：

一、日常生活中，多丢一些问题让孩子思考

小至餐点菜色的选择，大至家庭旅游的规划等等，都可以试着邀请孩子来思考。（提醒：如果是享乐型的决定，建议有个上限额度。比如开放孩子点餐，全家花费金额必须在 500 元以内，并非让孩子决定就无限上纲！）让孩子在日常生活中多动动自己的小脑袋，这可以增进脑内神经讯号传递的速度，提升思考的速度与弹性！

二、当孩子说风凉话时，提醒他把同样的时间花在解决问题上（引导他专心做上一点的建议）

为什么孩子无法解决问题又要拼命说风凉话呢？那是因为他发现了自己的弱小，却又无法承认自己没有能力，因此想要说一

些问题来混淆焦点，显示自己其实能力还不错。此时你千万不要被孩子拐到其他焦点上（开始责备他为什么要讲那些话，就是被孩子拐骗到其他焦点上的行为）！

多带孩子去探索各式各样的事物，多去旅游与发现，让孩子有机会大量接受外部刺激，增加孩子的生活经验，帮助孩子拥有更充实的解决问题的资料库。此时你会发现，孩子遇到问题时更能够积极面对，而风凉话早就不知到哪里去了！（注意：成人式的旅游方式，逛一圈大家看看风景就好，没有此效果！）

既不要过分干涉，也不要放任自流

睿原与小千穿着凉鞋，快步走进沙坑区。宥辰想也没想，穿着他的布鞋一起走进沙坑区。所有人的鞋子都理所当然地进了沙子，但是凉鞋进沙与布鞋进沙，显然不同。凉鞋沙子来沙子去，敲一敲踏一踏沙子又会减少，但布鞋呢？沙子来了却去不了，玩了好一会儿，满鞋子的沙子可不好受。一段时间后，睿原穿着他的凉鞋，走出沙坑区，打开水龙头，把凉鞋与脚一起放入沁凉畅快的水下，很快沙子冲走了，脚又干净了。宥辰学着睿原的样子，打开另一个水龙头，把穿着布鞋的左脚放入水下，很快水淋湿布鞋与袜子，沙子却仍旧卡在里面，越冲水越不舒服，这是为什么呢？

宥辰显然不知道这究竟是怎么回事，继续调大水龙头，拼命将自己的布鞋与袜子送进水里冲，让鞋子、袜子与脚子（脚已经变“饺子”了）一起吸满水，把脚包在一团和满沙子的湿布团里，直到我开口：“宥辰，你穿的是布鞋，要冲脚应该要先脱掉鞋子吧！”

宥辰抬头看了看我，快速地脱掉湿掉的鞋子，继续把袜子与脚放在水下冲。显然问题并没有解决。于是这次宥辰把袜子脱掉了，再把脚放到水下冲，手里拎着湿袜子湿鞋子，这次果然将脚冲干净了。于是他又用同样的方法，把右脚放进水里冲，终于两只脚都干净了。宥辰十分满意，准备要离开洗脚区，没想到地上都是沙子，一踩出来，宥辰的脚便又沾到了沙子，于是他又再次踏回去洗脚。洗完脚之后又再踩出来，又脏了，他又回去洗。

如此反复，宥辰就一直在那里洗不停又踩不停。他手上拿着被水淋湿的鞋袜，以及没有湿的鞋袜，在混来混去之后，最终鞋袜全都湿了。此刻，宥辰已经知道自己进入了一个“寸步难行”的窘境。

睿原早已洗好，对于宥辰的行为，睿原明显很纳闷，但是他没有质问宥辰，也没有嘲笑他，反而又走向水龙头，打开水，两只脚踏进水槽，一边轻松愉快地冲水，一边等着宥辰不断地尝试“如何一只脚又一只脚地轮流洗，却可以两只脚都干净地走出去”。同样也是穿着凉鞋，早已洗好脚的小千，站在旁边，疑惑了：“这是怎么回事？不是洗好脚要走了吗？怎么突然变成一直洗脚？”小千疑惑着，却又不知该怎么开口问，于是小千转身，自己往后走了十几步看看别人在玩什么，又在那里爬一爬楼梯。这时，睿原与宥辰还在不停地洗脚，左脚右脚，右脚左脚，两只脚一起洗，于是小千又无奈地走回洗脚区旁继续等待。

直到我开口：“你们俩必须离开这个位子了！”宥辰才真的一面担心着一面准备离开。我想如果今天不是我开口，或是有一个天大的石头打下来让宥辰必须面对这个问题，那么他可以继续在水龙头下反复冲脚，冲到月黑夜风高也是有可能的。

脚上有沙，冲脚……脚上有沙，冲脚……脚上又有沙，再冲脚……不断有沙在脚底，宥辰也反复不停地冲脚。

早已不是第一次，我看着孩子们重蹈覆辙，心中有昭然若见的解决方法，却不发一语。

以我们三四十岁的生命经验，解决一个七岁孩子遇到的难题，难吗？不难！

以我们三四十岁的生活经验，解决我们当前感到苦恼的难题，难吗？还是难！

不同的经验值，使得成人比孩子更具备解决不同问题的能力；大人当然可以站在更高的角度宛若天神降临般，把孩子的问题直接解决。

但一次两次三次后，宥辰还是会在同一个问题上栽跟头。

他的问题就在于：经验值不够！甚至我可以告诉你，他已经不够到想要一直假装他的问题被解决了（短短一秒钟的脚底无沙）。

宥辰企图当只鸵鸟将头埋进沙坑，不肯面对真实世界里的问题。一次又一次，反复耗损着水资源。考验身边所有人的耐心，也考验自己的挫折承受度。

可惜，我们的老师向来不走无止尽的包容路线；反而是在孩子把机会用尽（或用到某种程度），该面对的问题会原原本本放到孩子的面前。

这是我们老师很努力坚持的原则：必须勇敢跟孩子提出要求或限制。

透过强化问题，增加孩子对问题的切实感受；同时激发孩子解决问题的能力。

当宥辰被迫从水龙头下站出来时，他才有机会发现，排除掉水这项资源，他还能有什么策略将脚上的沙变不见。

从冲水的小小胜利与屡屡踩出就挫败的循环中跳出来，看看有没有别的可能。

限制，常能激发出想象的无限可能。

这里的限制，必须特别澄清，指的并不是“限制探索”，而是“限制重蹈覆辙的解题模式”。

举个例子，在课堂上孩子们常面临利益分配不均的问题；往往老师都是在抛出此难题后两手一摊说：“啊！那你们自己想办法吧。我都把金币送到你们组了，你们自己讨论……”

能力好一点的班级，老师可能还会说：“怎么分是你们决定的，但我已经看腻剪刀石头布的方法了，请想新招吧！（哈哈哈）”

我们曾经看到幼儿园的孩子在被限制后，激发想象，提出的方案有：

- 我们比跑步。
- 我们比年纪。最大／最小的人分比较多。
- 我们比吐口水。（确实有点恶心，但第一，请了解这就是孩子的世界；第二，如果孩子可以考虑到老师的感受与环境卫生问题，提出正确的处理方法，此方案是会通过的。）
- 比拍球谁拍得比较多。

- 比谁记住的名字最多。

……

你觉得这是吃饱太闲，没事找事吗？不是，因为我们的世界为什么会只有一种标准答案呢？

问题与麻烦能够激发想象与磨炼心志。世界上的某个角落曾有无电可用的地区，这就激发有为青年运用太阳能与回收瓶创造了晚上可照明的电灯；无经费去完成毕业旅行的孩子，这就激发出他们自行制作香皂贩卖筹措旅费的创意并且去执行；无法翱翔天际的困顿，激发莱特兄弟对于飞行的渴望……

当世界越发完整地展现在我们面前的时候，孩子未来的竞争对手已经不再局限于自己的国家。我们能够造就他们什么样的竞争力，就看我们能及早给他们多少向世界发问、为世界思考解题的能力。

一切教养的前提在于，请把孩子的问题还给孩子，就让他在问题里稍微泡一下吧！为什么一遭遇问题就必须立刻解决呢？绝对不要为了简便、快速，以比孩子多出三四十年经验值的姿态，将孩子面前的石头搬走（或者总是教孩子如何正确搬走石头的方法），同时也搬走孩子可能的成长！

鼓励孩子学会选择与拒绝，但请先教会他学会承担

必须离开洗脚区了，那到底该怎么办呢？一踩出去脚又会沾到沙子，手上的鞋袜也早已湿透。宥辰无助了，他完全不知道他到底是要穿袜子还是穿鞋子，因为他已经很确定，一旦走出去他又将踩到沙子。于是我看着宥辰，轻声地说：“宥辰啊！以你现在这种局势，你只剩下赤脚了。”

听到“赤脚”这两个不可思议的字时，宥辰满脸的惊恐与荒谬。他高声地喊着：“赤脚？我怎么可能赤脚！”我说为什么不可以赤脚？你已经把自己搞成这样，袜子也脏了，鞋子也湿了，地上也都是沙子，你只要踩到地上你整只脚都会沾到沙子。你把沾到沙子的脚穿袜子，或者是湿湿的脚穿湿袜子，然后再穿湿鞋子，这全都是不对的！但宥辰也很有自己的坚持，他没有办法赤脚，所以他还是冲水后把湿湿的脚塞进湿湿的鞋子里，然后准备离开。

近年来，坚持自己想法的孩子越来越多。

在“爱的教育”与“尊重孩子”挂帅的教养主流里，小至牙牙学语的孩子，大至青少年甚至成年孩子的家长，无不反复探询孩子的意愿，倾听孩子的声音。仿佛如果违背了孩子的意愿与喜好，就会心中有愧。

我曾到台中著名景点高美湿地观光，面对着绝美海景，大人孩子都纷纷脱了鞋袜，在现场踩呀踩、挖呀挖，跑跑跳跳，散步、观赏落日……许多人一面享受着微风拂面，一面双手挖掘，与平日里绝缘的湿地生态近距离接触；更有的一家人大手牵小手，朝着缓缓落下的夕阳，漫步向前。

此起彼落的欢笑声不绝于耳，我的目光却不断被岸边的一家人所吸引。

吸引着我的是一对父母正殷殷切切地跟一位年约三四岁的小女孩，不，应该说是“小太后”的对话：

“很好玩呢，你看那里好多哥哥姐姐在玩，你要不要脱掉鞋子下去玩玩看？”小太后摇摇头。

“妈妈也好想玩，你要不要跟妈妈一起去？！”小太后看了妈妈一眼，撇开头。

“又没有什么，你看大家都脱掉鞋子了，不是吗？！”小太后嘟嘴手环胸，头一撇，满脸不悦，仍旧一言不发。

“快一点，都到这里了你还不下去……”小太后干脆用手捂住耳朵。

“好不容易才到这里，不玩我们等一下回家就没得玩了……”小太后眼睛直往入口处望，看起来回家对她来说比下去踩踩湿地有吸引力多了。

最后，爸爸提出：我抱你过去好了！于是这家人把孩子抱着，短暂散步后，待不到30分钟，就上岸离开了。

现在的孩子一个比一个“敢于拒绝”“勇于坚持”。

想带着孩子成长、给予孩子经验的父母，随侍在旁，用着无与伦比的耐心、爱心，呵护孩子并尊重孩子的意愿。

我相信，勇敢“说不”是非常好的态度，也是许多中高年级的同学做不到的。年幼时一直很渴望拥有的拒绝与被尊重权，等到我们为人父母了，可以带给孩子选择了，也以此在亲职角色的梦想上，更贴近了一步。

然而在“说不”之后，下一代学会了什么？

“勇于选择”不该等于“要我承担？不如留给爸爸妈妈烦恼”吧！

许多孩子发现自己被尊重时，一方面欣喜握有权力的快乐；另一方面享受选择背后的美好结果，但是当结果变糟了之后呢？立刻选择逃跑吗？

各位亲爱的爸爸妈妈，请务必记得选择权存在的前提是：能够承担的能力。像是：选择玩直排轮就不能看动画片，孩子就必须接受这样的结果，而不能再大吼大叫让你给他看重播。

如同宥辰，老师在一旁能给的建议都给了，他还是坚持着想用湿脚踩进鞋子里。那么，既然他想要照自己的意愿做事，我们又评估风险是可以承受的（不危害生命的前提下），而后果也是会发生在他身上，那就让他那么做。请相信，他不舒服了自然会把鞋脱掉，也请相信，那是他不舒服，不是你不舒服。湿淋淋地踩进去他感觉好玩，对孩子来说，也是种意外的收获，为什么人生不能做错事呢？就让他做错看看，他往后才懂得怎么为自己挑选适当的路。做错了，孩子下一次在决定前，才可以有经验与知识来评估自己的承受程度。

所以亲爱的爸爸妈妈们，请千万记得：鼓励探索自然是要的，但在开放给孩子选择与拒绝之前，你必须先清楚孩子拥有的承担能力，也请你培养让孩子可以承受的心脏。而在这两个条件都还不具备之前，与其让孩子选择，不如你先强势要求他必须执行！如果要不要上学这件事，孩子的选择结果不是他可以承担，也不是你可以承担的，那就请你以父母的身份告诉他：他就是要上学，因为他是你的小孩。不需要尊重他的意愿，就是这么简单。

别因为害怕，
就不敢让孩子承受自然结果

不过他这样，把湿湿的脚塞进湿湿的鞋子里，就像史瑞克的黏液沾在身上一样，并不好受。走了几步后，他已经清楚知道这是非常难受的，于是他把自己的鞋脱掉，然后说："老师，你帮我照看一下鞋子好吗？"

每当看到孩子坚持用自己的方式，最后却又回到原本旁人建议的方向上时，我总忍不住捧腹大笑（请原谅我）。

有句闽南语叫"扣到有声"，说的不就是这么回事吗？撞到了，知道痛；就知道自己下一次要更加小心。

与其花许多力气说服孩子，把湿湿的脚擦干再放到鞋子里；不如尊重孩子的想法，让着急的孩子用他的方式，将湿湿的脚踏入鞋子里，感受真切的难受。用难受的结果具体且有感地提醒孩子：不要把湿湿的脚放进鞋子里！

此处的尊重，重点是：让孩子承担自然结果。

关于教养这个话题数十年间不断在谈的就是：当教养者越极力拉孩子往东边走时，孩子却反抗着拼命想往西边、南边甚至北边走……反正，往哪边都好，不往东边走就对了！孩子为了证明自己可以做自己的主人，把权威者的建议放置在“绝对不选”的位置，从剩余选择中，再硬生生选择另一条（自己都知道可能没有很理想的）路。

但孩子终究是孩子；他们在对这个世界的经验值、思考力、判断力上，跟身为教养者的成人比起来，确实存在明显落差。甚至近期的教育方针更不断往尊重的方向偏移，鼓励所有与孩子互动的成人，要留意不要伤害孩子幼小且脆弱的心灵。既要让孩子感受最真实的坏结果，又要不伤害孩子的自信……我想，这是许多家长的难处。

亲爱的爸爸妈妈，请把责任还给孩子；并且谨慎评估不负责任的坏结果是否会真切地发生在孩子身上。如果答案是对的，那请你不用担心，孩子绝对不会一直做着不恰当的事，因为他已经痛了，痛了，他自己就会改。如果还不痛，你就等一下，让他感觉到痛；心痛一下换孩子一辈子的智慧，我想是值得的。

但请让我们再提醒你一次：如果坏结果根本不会发生在孩子身上，而是会发生在你身上（例如：孩子不写作业是你被老师训，不是孩子被老师训，或是训了他也不在意），那么，这就不能被称为“自然结果”，请你千万不要睁着眼睛继续看下去（问题只会越来越大而已），而是要想个办法，让坏结果真真切切地落到孩子身上，才不会出现皇帝不急，急死太监的荒唐事。

下一章，容我邀请各位进入更深处的教养之心，探讨那些似乎从没被好好检验过，也常见于东方社会的教养观念。

第2章

破解天赋的“情绪密码盒”

——教养者必备的EQ知识

经济的闷局，教养的困境

走在街头，四周都是雀跃的人群与光鲜的店铺，沿街分布着各类世界品牌店面，在这里我们可以看到 Zara 、Gap 、Uniqulo 、Crocs 、Roots……每一家店的氛围，都充满着吸引力，仿佛行走在店与店之间，我们便已经站在了世界的前端。

在这里，我们可以消费到全世界的最佳商品。而任何一个新品牌的进驻，更是让我们雀跃不已，我们期待着在这里用更简便的方式，获得世界级的商品与服务。

这美好的一切，当然没有什么不对，唯一不对的只是：随着房价的急速上涨，年轻人的薪资相对于物价，却远低于十几年前，那么问题到底出在哪里？我们的科技与物质看似越来越进步，但我们的竞争力为什么却逐年下滑？我们的孩子生活越来越痛苦，且痛苦指数呈现高倍速地上升！

现在开始流行创业潮，大量年轻人被鼓励去创业，或是创业团队里多鼓励年轻人去晋升。为什么这么看重年轻人这个特殊的身份？因为最新的创投研究表明，目前在世界型大企业的创始人中，第一次创业的年龄多分布在 21 至 28 岁，而 21 至 26 岁的分布比例占据了 80 %，其余则占据了 20 %。

这就意味着：如果我们任何一个人，在 21 至 28 岁时开始第一次创业挑战，那我们的事业就很有机会挤入世界顶尖的窄门。但如果我们是选择 29 岁甚至更老之后开始第一次创业，这个事业可能就很难有机会参与世界竞争了。

这样奇特的数字分布，只是统计上的问题吗？还是 21 至 28 岁的年轻人身上有什么与众不同，有其他年龄段的人很难拥有的特殊能力或状态呢？

你觉得这只是偶然的分布特征？还是这个年纪的人有某些不可取代的特殊性？

如果是有某些不可取代的特殊性，那又是些什么？我们的孩子身上，是否也有这种专属于赢家的神奇特质呢？

你很好奇那特殊的、专属于赢家的特质到底是什么吗？那我们想先邀请你把这个想法放在心里。然后，一起来看一些具有东方特色的教养理念。

为什么要栽培我的孩子

有一次闲聊，几位重视教养的妈妈在谈着为孩子安排的各式课程。

豪豪妈：我现在都帮他选某位名师的英语课，他的老师教学真的很认真，而且豪豪他爸爸也认为，孩子从小英语基础要打好。不然在现在国际化的社会里，长大后很难与人竞争。

言言妈：我们家上钢琴课，虽然 1 小时就要 1200 元，但我们觉得从小培养一些音乐兴趣和素养，长大之后才能够有能力为自己调整情绪、抒发情感。未来的日子如果都没有一点美感和创造力，没有什么东西可以抒发情绪，真的很难想象……现在的孩子，跟我们以前不同，有苦说不出，竞争真的太强了。

说起“妈妈经”，自然是酸甜苦辣皆有。别人家的孩子，每一个看起来都如此可爱，像天使一般。没养过孩子真的不知道那种晚上不能好好睡觉的崩溃感，下班回家之后没有一秒钟是安静的断裂状态，个中滋味，五味杂陈，谁不是用尽苦心要栽培孩子，让孩子的未来可以好一点，长大之后可以不用那么辛苦！

“孩子的未来可以好一点，长大之后可以不用那么辛苦！”这个看似普通，却是让每个人都觉得理所应当的结论，得到了每个母亲的深深认同。那种深，是一种深呼吸之后，呼出一大口气，再慢慢地、小心地、谨慎地放在心底的深。

而这样珍贵却又好似不容易实现的愿望，讲得更简单一点，就是如果可以，在我的能力范围里，我会尽我所能，不要让我的孩子输在起跑线上：小时候让孩子多学一点、多累积一点，希望孩子长大之后，可以提高竞争力，至少在找工作时，拿出来的学历就比别人高，薪水自然就可以比别人多。这样一来，生活就可以不用那么辛苦，可以更轻松、更惬意了。

可怜天下父母心！毕竟孩子身上流着我们的血，如果有一天我们离开人世，他们还在这个世界上，就代表着某一部分的我们在继续地活着。在孩子还年幼时，甚至在孩子还没有睁开眼看这个世界时，用心的父母们早已把未来几十年的开销都扛在了肩头。现在的家庭对孩子的期望，已不单单只是养大孩子就好，还要考虑养得好，给得够，学得透。不只是要在孩子小时候就把底子打好，这段养育过程要铺路铺到二三十年之后，这一切得等到孩子有了好工作、有了好婚姻、养了好子女，我们的父母才敢轻轻地闭上眼睛，相信自己没有白来这世界一趟，才敢手那么一松，走向生命的归结。

这就是父母的爱，极尽用心与真挚，这也是我们东方父母的爱，一种尽可能设法给予我们保护，哪怕牺牲自己，也要更大地蔓延自己的资源与能力，为孩子搭船造桥，尽管自己血泪交加，也要为孩子挡风遮雨。

这样的爱，代表着一种牺牲、一种保护，而在这样的牺牲与保护之下，我们清楚地看见了父母的伟大，一种能量的传动，一种为了下一代奋不顾身的情操。但是，这样的爱却也让我们的生活与我们的孩子，在几百年的演化之后，落后了地球另一头的世界几十年，为什么呢？

爱不该是一种负担

孩子是一个主体，他有属于自己的创造力、思考力与执行力，孩子借着我们的身体与基因来到这个世界上，但是孩子终将成为他自己，有他自己的思考、脉络与未来。然而，我们的父母却认为自己必须为孩子负责，包括为孩子的未来负责。因为孩子永远都是孩子，尽管孩子已经四十不惑，但当他站在我们面前时，我们仍然可以看见他那赤裸婴孩的样貌。我们用阿兹海莫症患者的记忆特征来看待我们的成年子女，对我们的世界与孩子，真的好吗？

“孩子，我希望你过得比我好。”

这应该是我们常听到的一句父母感言。在这样的一句话里，传递了多少父母无止尽的爱与责任。然而也因为这样的一个普世期待，我们的父母企图安排孩子的未来。父母用心教养、用心安排，为孩子设置了所有学习的时间、休息的时间、欢笑的时间，以及未来安排工作的时间、工作的计划、约会的时间、结婚的时间、就业、购屋、生育等所有应该属于成人自己的权限与自由。

在我们的社会里，父母几乎无所不在（尤其是拥有资源的父母）。而这样的一个期待，对我们的孩子，究竟是产生了正向的影响，还是负向的影响呢？

在讨论这个问题之前，我们来看看下面的两幅图：

孩子，我希望你比我强！

孩子，我希望你比我好！

这是两个完全不同的场景，但东方父母普遍都在执行着右图的意义，而左图的意义才会是具有生存竞争力的教养概念。

以演化的观点来看，母代应该期望子代的能力更好，因为这表示子代将拥有更好的竞争力，可以更有能力且更有效地将基因传递下去。

但可怕的事实是：东方父母普遍不希望孩子的能力比自己更好，我们不喜欢孩子顶嘴，不喜欢孩子唱反调，不喜欢孩子有自己的想法，不喜欢他们与我们的意见不同，或是看待事情的角度和我们不一样，因为这就是叛逆、这就是忤逆、这就是不孝。这在东方人非常重视的孝顺里，直接地表现出清楚的概念。

但是就如同我们所有人都知道的那样，越接近生命尾声的人，越倾向于保守与稳定，身体本质上的衰弱带动心理本质上的安养天年，拒绝再冒险或是违反社会既有的道德、秩序、规则，而这样的心理现象若是再加上现今医学的发达，延长每个人几乎都拥有 90 岁的寿命与头脑，显然老人们的人脉、资源、控制力等决定权将会更大幅度地影响年轻人的执行力，而绝大多数的影响将发生在保护与限制上。毕竟对一个已经看过世界风风雨雨、历尽风霜的人来说，与其让他看到孩子因为任何冒险而有什么差错，不如让他看见孩子好好地发着呆、坐着、活着。这会是许多步入风烛残年的老人深切的渴望：珍惜并深切感受我目前所拥有的，并透过这些让我感受到自己的重要，以降低我对迈入死亡的恐惧。

这样的想法一代代累积下来，一不小心我们的父母信念便演变成：孩子，我希望你过得比我好。因为这个概念将会让子代进入最低风险的生存竞争，也最大幅度地满足了长者的生存渴望。

因此母代会尽可能地搜集资源、保护孩子，尽可能地用自己的资源为孩子准备与张罗一切，希望孩子可以活在一个相对于自己更无忧无虑的环境中。这就是我们东方父母对孩子示爱的普遍表现，也落实在我们的父母看到孩子的第一刻，说的那句：“孩子，我希望你快快乐乐无忧无虑地长大，这样就好。”

这样的安排，无疑都诉说着同一件事：我们希望孩子安全、健康、快乐地长大。简单说就是好好地活着，其他事都不用管，你让我感觉到你在我身边呼吸、跑跑跳跳就是最重要的事。

我们教养的一大盲点是，我们的终点原本就是错误的死路一条。让孩子走在我们所认为的安全的路上，不代表孩子可以面对与掌握危险。而如果我们期待，最后的一切可以如我们所愿地发

因此我们的公园是这样的

我们的孩子是这样学习的

我们是这样陪伴孩子的

生：我们离开孩子、离开人世，孩子依旧会更好地在世界上开花结果。我们就必须知道，把能力交到孩子的手上，让孩子自己有办法辨识危险、面对危险与解决危险，将会是最重要也最有效的方式。

想要贯彻出这样的方式，我们就必须放手让孩子碰触危险，让孩子自己去试错，自己去思考问题、解决问题。而不是为了孩子的安全从头看护到脚，为了避免孩子走冤枉路，在事情一开始的时候就告诉孩子结尾，告诉孩子正确的方式，以及为孩子安排所有的“安全而愉快的一切”。

这样的结果是：我们将教养出一个顺从，被规则保护、捆绑，无法看出空乏与创造出未知事物的孩子。我们已经这样做了几百

我们看看国外的公园

这是他们对待孩子的距离

这是他们带着孩子前往的地方

年，当然还可以继续这样做，但如果这几百年的代价是世界的命脉都掌握在别人手上，你能接受吗？科技日新月异，每一秒钟都可能发生颠覆过去的事，并在下一秒钟传遍全球。在竞争日益白热化的今天，继续保持安稳、保守而无忧生死的教养法，真的是我们该继续贯彻的吗？

若我们希望孩子可以真真正正地比我们强，请理解，他一定不能持续走在我们所规划的跑道上。

因为我们无法规划超出我们眼界的东西。若孩子不断地走在我们所规划的路线上，而这一切我们都很熟悉、了解，我们可以保护孩子的安全，并且“给得起孩子建议”。当你还“给得起孩子建议”的这一刻存在时，就同步表示我们比孩子还高大。而我们不断提供学习、刺激给孩子，却发现我们仍然还是站在孩子的上方时，这就是我们教养需要被检讨的时刻。因为此刻，子代仍然弱于母代，这是绝对不该发生在未来的事。

符合价值与创造价值

“孩子的未来可以好一点，长大之后可以不用那么辛苦！”

是的，“好一点”等于“不用那么辛苦”。因此学历好一点，等于薪资可以高一点，也等同于未来可以轻松一点。

薪资，就是领的，领得再怎么高，都是被动者的角色。既然我们已经如此用心栽培孩子，不如企图心大一点，直接栽培孩子成为猎人，而不是让孩子成为大号的猎物。

我们重视安全，或许与几千年来的死亡恐惧有着非常大的关系，因为在封建统治下，无论事情是否正确，如果我们惹怒了当权者，可能就会立刻被剥夺生存的机会。几千年来，我们的种族在死亡恐惧的宰制下，学会生存，也学会积极地伪装自己。但很显然，当一切定位在现在这个时间点时，我们可以知道，死亡恐惧抹掉了我们太多的机会、太多的可能，以及能够在世界上竞争、立足的基调。

面对这样的恐惧与安全需求，我们的父母倾向于让孩子选择高薪的就业方式胜过创业，因为后者太艰辛、太辛苦；我们倾向于让孩子走安全而愉快的路，因为这样会比较轻松、比较圆满，是这样吗？

辛苦等于不好？

轻松等于好？

我们先来看看下页的这首诗。

你感觉到了吗？这世界除了身体的放松与满足外，还有新鲜、冒险，还有挑战未知、超越困难的成就。为孩子安排一条轻松的路，不等于给孩子最好的人生。超越与创造价值的成就感，有时才是支撑一个人之所以为人的关键点。这样的话，听起来像是一种感慨或号召，但可惜的是，在现在与未来的社会演变里，这可能将成为唯一的事实。为什么呢？

因为未来的社会里，机械、技术甚至是人工智能，将不断地创造出更快、更有效的产品与服务，让所有人可以更便利地生活，而当我们栽培的孩子，缺乏创造力、思考力，过度在意危险而缺乏胆识，不敢找出世界那尚无人注意的缝隙并勇敢挑战时，孩子将剩下什么呢？

只能接替那可有可无的机械运转能力，或是从事那些机械尚无法复制的人力，但这些可有可无的，都预告着孩子将随时被替换、被宰制，失去谈判权与选择权，这只有眼前 10 米的路，是非常可怕的未来！

Robert Frost (1874–1963) .
Mountain Interval. 1920.

The Road Not Taken／没人走过的路

TWO roads diverged in a yellow wood
And sorry I could not travel both
And be one traveler long I stood
And looked down one as far as I could
To where it bent in the undergrowth;

Then took the other as just as fair
And having perhaps the better claim
Because it was grassy and wanted wear;
Though as for that the passing there
Had worn them really about the same

And both that morning equally lay
In leaves no step had trodden black.
Oh I kept the first for another day!
Yet knowing how way leads on to way
I doubted if I should ever come back.
I shall be telling this with a sigh
Somewhere ages and ages hence
Two roads diverged in a wood and I—
I took the one less traveled by
And that has made all the difference.

我矗立在金黄落叶满铺的树林中，
眼前有两条小径蜿蜒，
可惜我不能同时涉足；
我站立良久，形影孤独，
我将视线顺着其中一条，远远眺望，
直到小径钻入灌木丛中。

然后我选了另外一条路，它同样美丽宜人；
那里沿路草长及膝，似乎等待旅人践踏，
使我的选择，有了更好的理由。
尽管往来的足迹，
其实对两者的磨损程度相当。

清晨新落的叶子，覆盖了小径，
脚下是不曾被旅人步伐染污的落叶，
于是我踏上旅途。
噢！就把平坦的那条留待下一次吧！
然而一个旅程会导向另一个旅程，
这个道理我明白，
也不禁令我怀疑可有机会旧地重游。
也许多年以后的某个时刻，
我将宽慰地吐着气，述说这段经历：
在金黄落叶满铺的树林中，
眼前两条小径蜿蜒，而我……
我踏上了无人问津的那条，
也开始了截然不同的人生。

没有犯错的学习，是最无效的学习

我们的父母很重视学习：孩子学了多少？学到了什么？多久学会的？简单来说就是学习的效率。因此 3 年的课程可以在一年内教完，留下两年再教孩子新的东西，这个学校是好学校，这个老师是好老师。但如果隔壁的阿强可以花 10 分钟背完“九九乘法表”，但我们家的孩子现在还蹲在门口玩蚂蚁，这就太可怕了，这完全赶不上人家！这怎么可以！

赶！

对，就是赶。我们看待孩子成长的过程，就好像有个标准的时间表，什么时候该做什么事，比别人快就是好，比别人慢就不行。因此我们愿意花最多的金钱与资源，为孩子寻找最好的老师，给孩子最正确的答案。学游泳找游过第一名的，数学辅导也要找考过第一名的，作文培训也得是比赛得过第一名的。我们的孩子，努力学习最好的、最正确的解决问题的方式，因为这些东西可以让孩子在最短的时间内表现出最好的结果；可以在学习领域范围内，获得最好的反映与展现，最快且最有效地填满“正确”的空格。

是的，我们的精英总是可以最快最有效地掌握到“最正确”的答案与方式，最快最有效地解决这个世界上已经发生过，且被记载可以如何解决的问题。但是，真实世界的人生，没有标准答案。没有一个正确的时间、正确的地点，孩子只要前往这个地方，进行最正确的反应，就能获得最好的结果。

我们训练最资优的孩子成为最好的反应者，问题是我们的人生没有标准答案，因此这些孩子，他的未来在“刺激——反应——刺激——反应”的循环中是不能失利的。研究告诉我们，这种被安排往顺遂人生路上走的孩子，只要一遇上挫折，发现标准答案失效了，孩子（可能此时已经是成人）可能也会因此跌落谷底。而那时，爬不爬得起来，又是另一回事了。（参见下页“Marcia 自我认同状态理论”）。

这样的孩子，从来没有经历过混沌、迷茫，并试着在黑暗里独自摸索，试图自己厘清方向并寻找解答的过程。这样的“试误学习”（Trial and Error），其实相对于正确性的知识学习是更重要的。想要让孩子自己摸索问题并经历错误，就一定会浪费时间。我们已经很清楚地知道杯子就在桌上，但孩子还在大哭地说着找不到杯子，看着孩子一把眼泪一把鼻涕地崩溃、声嘶力竭，最快的方法自然是直接把杯子拿给孩子，或是永远帮孩子准备好杯子。

简述 IDENTITY STATUS THEORY（MARCIA，1991）

已确定方向	认同早闭： 顺着父母的安排而形成的认同，可能可以借着这样的安排而真的做出样子，但缺点是无法遭遇挫败或危机，必须一路顺遂，否则可能将掉入下层。	认同成功： 一种经过清醒而自由的探索后，为自己选择的一种自我认同的真实状态。这时候的个体是一种能够抗压的，能够坚持不懈的，以及能够不断努力解决困境的。也就是我们在教养上所最期待的：孩子能够独立自主在这个世界里展现自己的样貌。知道自己应该在这个世界的哪个位子镶嵌并投注努力。
未确定方向	认同混乱： 无任何目标，无任何方向，无任何进展，一种混乱的状态，缺乏人生方向，对社会、他人皆不关心。	认同延迟： 开始尝试也开始检验与确认自己与世界的状态，并开始准备做选择，但尚未选择。此时正在努力了解自我、认同危机中。
	未进行自我探索	有进行自我探索

Marcia在1991年提出的自我认同理论，清楚点出未经探索而已决定努力方向的孩子，可能遭遇到的可怕问题：你必须确保他可以一路顺遂，否则他将在遭遇困境的时候，不管他当时几岁，都会陷入完全无法产出，无任何方向的自我认同黑洞！而那个时候，孩子是否有这样的机遇再被顺遂地安排一次，或是有这个勇气开始进行自我探索，有这个机缘能够走出认同危机而最终来到认同成功的位子呢？

但这个最有效率的方法，永远都无法让孩子学会，该如何让自己在混沌的状态中，试着保持冷静，评估现状并努力解决问题。而上述这个历程，将是生命中躲不过的许许多多的重要时刻。

曾经有朋友说过这样一个故事：

> 他的表哥是某地区最有名的外科医生，但是总与太太发生剧烈争执，甚至在情绪失控时打老婆，打到老婆内出血，再到他的手术室让他开刀。反正表哥的技术是一流的，总是可以化险为夷。
>
> 一个最有名的外科医生，自然是我们公认的精英，想来也曾是最优秀的孩子，经历过最好的栽培。但是，我们最优秀的人，在遭遇到没有正确答案的问题（亲密关系、人际相处）时，却使用了最有破坏性的方式，彻彻底底伤害了最爱他的人，也伤害了目睹这一切、并且精神上也深受其苦的他的孩子。

只追求正确答案的学习，真的是我们需要的吗？

希望你的孩子尊重你，先从尊重你的另一半开始

尊重，这个我们经常听到、却似乎不怎么明白的词语，到底跟教养有什么关系呢？

其实，随意在街上走走你便可以发现答案。

你看左边那个带着 4 岁女儿的年轻妈妈，身上正背着女儿的小包。

还有右边这位刚走出童装店的爸爸，他 3 岁的孩子正在吆喝着："快帮我穿鞋子！"

还有这位在餐馆吃饭的小弟弟，他的妈妈正在告诉他："你看爸爸都不吃这个香菇，我们一起嘲笑他：哈哈哈！哈哈哈！"

以及这位在便利店一定要买糖果的妹妹，那么用力地踩地板，那种弹簧腿不去学踢踏舞实在太可惜了，除非你买给她，否则她不会停止。

这些状况我们都感觉是不被尊重，那怎样是尊重人呢？

“倾听对方的声音，了解对方的感受，给予对方属于他的责任，也将他所期待合理被对待的方式，给予他。”

社会心理学里，有一个很有趣的社会模仿实验。研究者让幼儿园的三组孩子看一段影片，片中有一个大娃娃，然后一群小孩冲过去踢这个大娃娃，第一组孩子看到的影片是：踢完娃娃后孩子们得到了一颗糖果，第二组的影片则是踢完后什么事都没发生，第三组的影片却是踢完娃娃后每个人都被打了一下屁股。

猜猜这三组孩子看完影片之后，再看到一模一样的大娃娃，哪一组孩子往死里打娃娃？哪一组孩子最不想碰娃娃？

是的，你的直觉与研究结果一模一样。第一组孩子疯狂打娃娃，而第三组孩子最不想打娃娃，为什么？因为第一组的孩子借着影片中的线索，假设了打娃娃会得到糖果，而第三组影片则是告诉孩子们，千万别动娃娃，小心受皮肉的痛。

那么，我们的孩子，又会在哪些线索里去观察自己该做些什么事，哪些事会受皮肉的痛，哪些事有糖果吃呢？

如你所想，日常生活中的每分每秒：爸爸怎样对待妈妈，妈妈怎样对待奶奶，奶奶怎样对待爷爷，爷爷又怎样对待爸爸……在我们的生活中，我们对谁表现出不可违抗，又对谁鞠躬哈腰，对谁是大眼瞪小眼，又对谁是呼来唤去，孩子全都看在眼里。

这些他看过的影像纪录，就储存在他的小脑袋瓜里，让他准备在与这些人互动时，心里有底。而这些权利的运作，谁的感受可以最不用在乎，对谁说话应该最大声，谁最有权利，又应该怎样对待，谁在痛苦，又是怎样无能为力，谁在坚强，又在抵抗着什么……这些人际间的交织，也都记录在孩子的资料库中，帮助他知道应该怎样与人互动，什么时候要放肆，什么时候又该亦步亦趋。

有一首歌的歌词是："卖歌阿捏怕吻妈妈（别再这样打我妈妈〔闽南语〕）"。

大家都知道流行音乐才子周杰伦的母亲曾经是个受暴妇女，在父亲过世之后，伟大的母亲含辛茹苦地抚养并栽培儿子，因此今天流行乐坛才有这位独具特色的创作才子。这一切都很好，但我想问的问题是：如果周杰伦的父亲没有因故过世，母亲在持续被家暴的状况下，还会有今天的周杰伦吗？

这个答案因为具有极高的假设性，相信谁也没有一个肯定的答案。我们想通过这个假设告诉你的是：我们对妇女的约束越高，我们的母亲就会越不快乐。这个道理应该被清楚了解。而下一个命题是：当主要照顾者都无法快乐时，一个不快乐的妈妈有可能教养出快乐的孩子吗？一个不自在的妈妈有可能教出自在的孩子吗？一个被束缚的妈妈有可能教出敢闯荡世界的孩子吗？（上方的母亲可以换成家里的任何一个弱势主要照顾者。）

多一点宽恕、包容与尊重，让每个人可以得到他的自由、权利以及责任，不管是对孩子或是对任何一个成人，都是有帮助的。做到这件事，不仅可以包容异己，还可以创造出前所未有的未来。

你的脑海里还有爷爷对着谁吆喝的身影吗？那时候你躲在哪里？或是谁对谁不公平对待时的样子，那些故事，那个被伤害的人，刚好是你所爱的人，而你感觉到如此无能为力。

的确，在这些风风雨雨中，总是会有一个坚强的人，默默地承担起这一切，然后慢慢地我们长大了、独立了，一切仿佛雨过天晴了。但你心里很清楚地知道，有些恐惧，或是憎恨，都被刻在你心底藏着的那块石板下，你想忘掉它们，却总发现在一些人生的转弯口，在众多纷扰的黑白混沌选择里，它们跳出来左右了你的决定。

那些看过亲人被剥夺自由权利而慢慢长大的孩子，究竟身上被锁上了多少脱不开的脚铐手镣？那些枷锁，又是怎样有形、无形地束缚着他们的翅膀，掐陷着他们的生命、思想与所有的能力呢？

这张书封照片纯粹是举例表示社会文化上对“母亲应当擅长教养”的高度期待，与该书内容无关。

时代越来越进步，但我们还是清楚知道：在社会的整体期待与假设里，女性仍旧是被视为操持家务与教养子女的关键角色。甚至有许多这类的教养书籍或理论（如图），清楚地点出：没有女性的牺牲，就不会养出好的孩子。事实是这样吗？当女性为了子女牺牲奉献，在痛苦中咬牙忍受，就会养出比较有能力、比较有成就、比较幸福的孩子？这些孩子亲眼看着所爱的人牺牲、痛苦，他们的生命就会比较有活力与创造力？有可能吗？

事实上，研究表明：教养孩子的关键，是主要照顾者的爱、人格稳定度与适当关注的能力，这些能力与性别完全没有关系。

而现在，你不会相信还有多少妈妈，告诉我们在家庭生活中，爸爸事实上根本不管事，每天回家就是做自己的事（包括看电视），而母亲必须同时兼顾工作、家务以及育儿，不只养大孩子，还要养好孩子。当孩子表现得不如预期时，这些母亲又承受了多少关注与压力，无法倾诉与寻求帮助，因为母职是天命，这样的一个非理性的信念与诉求，扣在每个母亲的头上，仿佛是解不开的紧箍咒。而当孩子发生问题时，只有一个可能：这个母亲不够尽责、不够努力，是这样吗？

以我们的教养机构来说，目前前往这里的家长已经是高度关注教养的群体了。如果还有这样的育儿不对等状态，我们就不该继续闭上眼睛，仿佛没看到问题，就当问题不存在似的。一个痛苦的母亲，养不出自在的孩子。性别平权不只是代表着对另一个性别的尊重，还代表着我们对整个未来子代的尊重与爱护。

在课堂中曾经有过这样一个孩子：小学一年级的他，对母亲的态度像使唤婢女一样极不客气，在教室里也远离其他女同学，仿佛靠近女生会得传染病一样。分组也绝对不会找女生同组，要是被老师强迫必须与女生同组，便会立刻像发疯一样地大喊大叫，仿佛这一刻他不竭尽全力地抵抗，下一秒钟他就会落入十八层地狱。在带着他讨论的过程中，那孩子会这样说：

女生这么白痴，我才不要跟女生同组！

女生都很笨！

女生都要听男生的话，所以你现在要听我的话！

我现在要出去，我跟你说（命令口吻），你要听我的话！

你不听我的话，我就叫我爸来揍你！

在 21 世纪的今天，还有这样的男孩身陷性别偏见的毒坑里，尽管他已经无数次亲眼见过其他的女生表现得如何优秀，甚至比他的表现好太多，他仍旧无法打开自己脑中的刻板黑墙。在他的世界里，他看不见真实，只看得到自己的意念所投射的影子。试想一下，这个孩子一味地认为只要自己是男性，他就立刻强过这世界上一半的人口，当一个人（无论是成人或孩子）有这样想法的时候，请问他有能力与这个世界竞争吗？

在这种思维的左右下，孩子有办法客观地理解这个世界上真实竞争力的差异，有办法听进去母亲给他的生活忠告吗？

完全没有。因此这个孩子在带着这种思维的时候，他的各种学习、表现、态度，包括课业以及礼仪、人际关系等，都十分差强人意。他没有人缘，没有成绩，没有能力可以做任何表现，除了逞强与鄙视女生。

于是，我们告诉了这个孩子一个故事：

现在，有一只男生的老虎要吃你，他说："过来，我要吃你。"而旁边有一个女生的老婆婆告诉你："小朋友，快跑，我保护你，你快跑。"请问你要听谁的话？

那孩子愣住了，他没有办法回答。他以前所有的正确知识在这么简单的问题下，卡住了超过 3 分钟，足足可以被老虎撕裂吞进肚子里的 3 分钟。

当然，3 分钟之后，孩子决定要改变他看待女生的态度。因为他无法确定，未来会救他一命的人，到底会是什么性别！

试想：一个性别平等的国家有 20 万个成人，就有 20 万个头脑尝试解决问题。但一个性别歧视的社会不但自己先砍掉一半性别的脑袋，若再使用阶级制，向上揣摩思维的结果是只有一个脑袋在解决问题，这样能有竞争力吗？

尊重我们身边的所有人，就像爱护我们的每个孩子一样。多一个人是自信自在的，我们的社会就可以多创造一份价值，多一个人能自在地呼吸，我们的孩子就多一份深层的能量。只要我们试着尊重身边的每一个人，我们孩子身上的枷锁就少一点，竞争力就强一点！

尊重，是不随意让我们的情绪影响别人的行为

你知道《基督山伯爵》《小妇人》或是《红楼梦》《西厢记》吗？说到这些书名时，也许会有许多人露出茫然的眼神，可能大家就会因此换个话题。但如果要说谁不知道爱迪生、莱特兄弟，那你就仿佛是刚从山洞里走出来的原始人，还有猴子鬃毛似的，连幼儿园的孩子都可能会指着你，捧腹大笑。

这种对世界上著名成功者的崇拜，包括比尔·盖茨或是乔布斯，显示出我们对孩子未来的期待。期待着孩子未来可以对社会有所贡献，可以开创出美好的天空。会不会刚好有那么一天，有这样一个可能，下一个爱迪生、爱因斯坦、乔布斯可以刚刚好地出现在我家？

我们没有人敢说出这样的话，因为这种期待太高不可攀，很可能会被人笑话。但事实上，谁的心里不曾这样偷偷想着，期待着某一天，彩票大奖刚好中在我家。孩子出人头地，是父母最大的满足！我

们期待孩子能够有能力、有成就，甚至有可能未来刚好可以开创出一片天地，这是我们的共同愿望，但是我们的行为呢？

想象一下若这是你的孩子：

> 他 16 岁了，每天告诉你他不想去上学，时不时学校老师给你打电话，告诉你孩子又跷课了，你只是接老师的电话，就快要得忧郁症了。好不容易软硬兼施每天拜访学校，终于让孩子把高中上完了，你还没松一口气，你的孩子却告诉你他不打算继续上学[①]。每天，他都在自己的房间里待上一整天，你打开房间门，里面乱七八糟，不时还冒出一阵恶心的气味。他几乎 3 天洗一次澡，食物也拿到房间里乱吃一通，而且吃的几乎都是乱七八糟的垃圾食物。房间里一大堆古怪东西，没有一个让你觉得是应该放在家里的，而这些绝对不能让亲戚朋友看见。
>
> 你问他到底在干什么？他开始和你说一些你根本听不懂的话，什么类比……什么欧……你觉得他正在浪费他的生命与健康，而且更重要的是，你知道他现在完全没有走在正确的路上。

---

① 日本知名管理学家及畅销书作家大前研一就曾是个反复拒绝上学的孩子。

在回答我的问题之前，请先把你的右手放在你的心口上方，诚实地聆听你的心声。

请问：你可以容许你的孩子这样过日子几天？几周？还是几年？

你的答案，就等于你同意孩子脱离正常生活轨道，企图与这个世界挑战、找出这个世界的缝隙①。

大家都知道爱迪生是发明家，拥有这个世界上最多的专利权，他的公司“奇异”是个存活超过百年，至今还在经营的公司，这些东西听起来都很美好，但是你知道爱迪生在他的实验室里“废”了多久吗？试验 1600 种材料，耗费了一个 31 岁的成年人超过一整年的时间，几乎每天不分日夜地待在实验室里“空耗”，而这样也只是做出一个烧了 45 个小时就会坏掉的灯泡。直到 27 年后的 1906 年，才发明出现在的钨丝灯泡。

我们有多少勇气来面对我们的孩子空耗？如果没有，他们又该如何向这个世界挑战呢？如果我们根本无法容忍自己的孩子不走正常发展轨迹时，我们的恐慌、我们的焦躁、我们的罪恶感、我们的着急、愤怒以及各式各样的情绪，就会不断地跳出来淹没我们的理智。因此我们会一把揪住他，对他进行补救教育：把他丢进公务员的报考补习班、升大学、考任何可能有用的证。企图借着所有的努力让我们的孩子重新踏回正轨。在这样的状态下，孩子可以找到世

① 已逝的苹果执行CEO乔布斯也曾有一段不短的荒唐岁月，包括到印度当了7个月的流浪汉。

界的裂缝，并且开始慢慢地打开世界的门，有这种可能吗？

面对恐慌等各式各样情绪的能力，不只是孩子在学校，老师因为他的违规行为，开始写联络簿上的红字时重要，在我们管教孩子时，在我们面对自己的生命时，也同样重要。

如果我们有勇气来面对这个恐慌，有足够的信念相信孩子现在正在挑战世界，而不是虚度光阴；能够坚信，对孩子最好的未来，绝对不是帮他安排一条人生顺遂路，那么，我们必须改变对孩子的教育方式，不再用那种既定成功的样子来训练安排我们的孩子。

我们应该做的是，让孩子有充沛的思考、坚定的心、能够拥有管理自己身、心、灵的深层能力，而这些到底是什么？在这之前，请先让我告诉你情绪到底是什么？

情绪到底是什么

很多人听到 EQ 教育，就立刻想到情绪管理。是的，字面上确实是这个意思。但是情绪是什么？

若我们问孩子“情绪是什么”时，孩子会说：

“情绪是笑。

“情绪是开心。

“情绪是你脸上的样子。”

这些都是对的，但这些样子，从哪里而来？

情绪是生存本能

首先，我们想先对大家说明，情绪这种东西，主要来自于大脑的核心处，也就是我们脊椎的正上方，这里包括杏仁核等边缘系统，被称为我们的情绪中枢。这里并不像人的思想中枢前额叶（你摸额头时的位置），需要等到 16 至 18 岁时才成熟，才可以表现出如成人一般的水准。

这个情绪中枢，它从我们出生开始就在那里。因此你可以发现一个初生婴儿的笑、生气、哭、难过，与一个成年人，或是一个行将就木的老人是没有区别的，你完全可以分清楚，并不会有所谓婴儿的笑与老人的笑，也不需要经过区分你才会懂那些情绪。

这样一个一出生就存在的东西，他就架在我们脊椎的正上方。因此，比起还要很久才成熟的思考中枢（前额叶），这个情绪中枢可以更快且更有效率地掌控我们的身体：生气的时候，我们就想打人或骂人（情绪中枢驱使血液流向手或嘴巴）；难过的时候，我们无法控制地想要哭泣，全身无力，甚至想要把自己塞在角落、棉被或是洞里；害怕的时候，我们会全身绷紧，对任何反应都很敏感，像超人一样地跳开或跑开，或是失控似的尖叫让我们吸引到其他的帮助者，抑或是瘫软昏迷，让加害者分不清你是否是一个需要被留意的对象（上述不同状况会依据每个人自己的情绪本质自主反应）。这些行动模式，都是我们的基因打一开始就设定在我们的身体里的，不分男女老少。

那为什么基因要这么做呢？为什么要让我们一出生就被设定好这些反应模式呢？

因为，情绪是帮助我们存活的关键。

试想一下：在原始的蛮荒时代，你如果遇到一头狼，就会发疯地跑开，并不会理会那是真狼还是假狼，因此你活着的概率，是比你站在那里，开始说出那头狼的品种、身长、奔跑速度、毛色以及它有几只尖锐厉牙要来得高。在原始时代，最快速的情绪驱动可以帮助我们拥有最高的存活率。

当我们被能力比我们弱小的人侵犯时，我们会立刻出现生气的情绪，并因此产生攻击行为，反击侵犯者，维护我们的主权。举个例子：一只小狗竟然偷吃了你摘的水果，你会赶走他？揍他？还是自己被吓得跑开？我想会被吓得跑开的人应该为数不多。

而那些能力远比我们强大的人，侵犯了我们的权利时（甚至只是快侵犯我们的权利），我们则会立刻感觉到害怕、恐慌，并产生保命行为。譬如一只熊向你走过来，你会赶走它？揍它？还是自己吓得赶快逃跑？这时大脑直觉快速分辨，运用情绪立即反应，我们才可以在真实的大自然中，最有效地存活下来。这是我们人类包括所有的动物几千年来演化的本能。

那既然情绪是演化本能，还可以帮助我们保住性命，为什么我们还需要管理它，顺着它自然表露不是最好的结果吗？是的，当你会出现这个问题时，我们可以确定你真的非常认真地在阅读并思考这本书。那么，到底是为什么呢？

因为在现今这样一个以法律和道德互相约束的世界里，你不再会走出家门便遇到一只要攻击你的熊，你也不再需要通过一拳打向谁，来保护你自己。

以暴制暴保护自己的权利或是伸张自己的主权，只会惹来更多的困扰与麻烦，冤冤相报何时了！因此现在的我们，强调的是更进化的高阶智能，一种可以尊重自己、尊重别人，以语言来整合沟通不同的想法、不同的脑袋与不同的立场，一起为世界创造更好、更美、更有正向价值的行为结果。

在这样的整体倾向里，我们所有以直觉跟随本能与欲望的行为，都可能会为我们惹上大麻烦。不再有人欣赏谁像雄狮一样的狂野、凶猛、残忍，反而会鄙视这些行为是没有进化的原始野蛮。在这样一个新的社会形态里，如何展现理性与兼容情感，处事有条理又拿捏得宜，管理与修炼自己的情绪，绝对是生命的重点。

情绪是生活的动机

情绪是一个需要被管理的生存本能，是这样吗？

让我们一起来看看这段对话：

妈妈对小比说："你成绩考这么差，只有45分，你知道这样爸爸会很难过吗？"

小比大声回答："哼！我最喜欢爸爸难过了，当他难过的时候，我最高兴。"

请聪明的你推敲一下，小比将会越考越好，还是越考越差？

生活中我们常被情绪驱使着往前，因此当我们做一件事，产生了快乐的情绪，我们就会希望再进行这件事。

例如：我吃了冰激凌觉得好开心，我就会反复想着什么时候可以再吃冰激凌。

而当我们在做一件事，却因此产生了痛苦的感受时，我们就会努力避免，防止再发生一次这样的事情。

例如：走路摔跤时，我觉得好痛苦，因此我努力试着走路不摔跤，让自己远离痛苦。

正向情绪让我们记住这个事件的美好，并且让我们重复不断地再进行这个事件。负向情绪让我们感觉到不悦或痛苦，因此我们会努力让自己不再重复会导致负向情绪的事件。这是我们人类共通的行为法则，更是我们在教养孩子时，最不该忽视的关键因素。

试想，如果孩子叠积木叠不起来，然后开始大哭。猜猜孩子当时是什么感觉呢？可能是痛苦、难过，悲伤或挫败。那么，这个情绪会不会让孩子愿意再发生一次这样的事情呢？

在孩子的世界里，玩积木的现实是这样的：孩子玩积木时感觉到快乐，对于积木叠起来的样子，感觉到期待，当积木叠不起来时，这个过程又变成了难过、痛苦。因此孩子哭了，他在期待与痛苦中反复交杂，不知道该怎么办才好。而孩子的哭泣，有非常大的可能，会吸引我们（成人或是主要照顾者）来到他的身边。

此时，若我们用成人的力量介入了孩子的困难，孩子就会立刻远离难受，达成期待，自然也就会停止哭泣。这个过程对成人来说，实在是一桩太划算的买卖，因为一个小动作，我们就交换到了安静。

但在孩子的世界里，孩子交换到了什么，学习到了什么呢？令人沮丧的是，孩子不是学到了下次应该要怎样自己叠起积木的技巧（请注意刚才的描述，是成人用最短的时间叠好积木，并没有教导或是有让孩子尝试的过程）。孩子立刻学习到的是：这个人可以帮助我远离坏情绪、获得好情绪。只要跟着他，一切就不会错。

这样的一个小动作，可以使我们立刻交换到安静的生活，甚至也偷偷幻想着：孩子应该也在这个过程中，学习到了自己处理问题的办法。但残酷的现实是，孩子只学习到：“哭泣很有用”“你（那个前往帮助的人）是重要的万灵丹”。当孩子认为他生命的品质好坏是掌握在我们手上时，我们开始感觉到自己对孩子而言是如此至关重要：孩子总是无法见不到你，看到你时的欣喜与满足的神色，足够让你梦中还带着甜蜜微笑。

这种紧密的依附感让我们感觉到满意与安心，感觉到自己在这个世界上是如此有价值地存在着。这样的感受大概不会超过 3 个月，3 个月之后，我们的生活被严重剥夺的程度，绝对足以让一个温和且稳重的成年人，彻底失控与崩裂。

而除了生活的崩裂之外，这样的结果也让孩子无法成长，因为孩子选择通过我们来面对这个世界。我们像王子或公主前的英勇骑士一般，为他们挡掉危难险阻，但是同样的，人生一道一道的成长关卡，都是由情绪堆叠而成，我们在化解这些情绪难题的同时，也等于帮孩子推掉一个又一个成长的关卡。同时，孩子逐渐建立起的生活概念是：如果我够聪明，最好不要离爸爸妈妈太遥远。

让孩子在自己的情绪里试着自己解决问题吧！陪伴与引导虽然会花上比直接解决问题更多的时间，却是我们引导孩子成长，将能力交到孩子手中的不二法门。在教养孩子的过程中，越快速有效的方法，往往等同于越高的代价。

我们该如何面对孩子的情绪时刻，你可以参考以下做法：

1、关心孩子的情绪并有同理心。

2、引导孩子用语言表达自己的困境。

3、对于困境表达认同与了解。

4、鼓励孩子用不同方法尝试解决问题。

5、若无法执行 4，再引导或渐进似的教给孩子解决问题的方法。

心理学家的面相术

有一个心理学研究：心理学家们拿着不同个性者的情绪样态照片，让受试者评估对照片的喜好程度。然后他们惊奇地发现，混合越多人的合成照片（例如一百个人混合成一个人），人数越多，受试者越喜欢这个人的样子。该研究者对此有一个结论：大家喜欢平均脸孔。因为各式各样的面孔在我们的脑海里留下了印象，在经过我们的大脑平均之后，我们会喜欢那些最常出现的部分。

以我在儿童情绪教育现场多年的经验，针对这个结论，我会提出另一种新的看法：这些多人混合照，让大家更加喜欢的原因，不是平均脸孔，而是平均情绪。

因为当一个人的脸部肌肉，能够出现平均的情绪样态：他曾经生气过，最后懂得如何恰当地生气；他曾经压抑过，最后选择放过自己；他曾经放纵过，最后决定适可而止；他曾经悲痛过，最后为自己找回欢笑。这些情绪经验的痕迹，会留在我们的脸部肌肉上，在那些松紧绷弛之中，定义出它们的纹路与弧度，也默默地标示出这个人的常态情绪、日常态度甚至是个性特征。

一个经历过千锤百炼最后还是决定微笑的人，显示他在人生的名段经历中，在各种情绪的磨难与修炼里，已经累积出超凡的智慧与见识，因此虽然只是一眼所见的照片，仍旧获得大众的欣赏。这个在潜意识里尚未让意识清楚感知的信息，直觉似的告诉我们，这个人值得信赖与依靠。

心理学家证实面相术是有科学根据的，一个长时间沉浸在某种情绪里的人，譬如：生气，脸部肌肉就会常练习生气，一段时间之后，他的生气肌肉自然比其他肌肉发达。你一看，就会直觉地认为这个人攻击性很强，我最好离他远一点（真的累积很久的人，一般人是可以分辨的）。

因此每个人的惯用情绪，会变成脸部肌肉呈现在你的面孔上，而使得具有专业训练的人，可以以此辨识你的个性与命运。而没有专业训练的人，也会直觉地想靠近你，或是远离你，想给你机会，或是想给你吃闭门羹。说不出理由，但我就是想这么做，而这个说不出的理由，可能就是情绪喜好的样态，也就是个性样态。

这与我们习惯面对被拒绝的直觉反应模式有关，也与我们习惯在遭遇失败时，身体与脸孔无意识的第一情绪反应有关。我们是习惯在遇到生气事件时大吼大叫，还是立刻沉住性子，面对问题并尝试解决，是习惯在沮丧难过时，哭丧着脸，倒在家里喝个烂醉等着天神来给你好消息，还是立刻睁开眼睛了解自己现在的状态与立场，决定要接受困境并且继续奋战。

所有立即性的情绪反应样态，决定了我们的面孔，也决定了我们的个性，甚至更直接地决定了我们的命运。而这也几乎解释了我们很常使用的一句话：“性格决定命运。”

换句话说，情绪是一种我们的习惯反应模式，也等同于我们的性格基调。当有一个人，可以“泰山崩于前而色不变，麋鹿兴于左而目不瞬”时，这样的性格基调，就是所谓的沉着、稳重、冷静，值得依靠。

但是要来到这样的位置，在这之前必须做过无数认识自己、管理好自己的努力，以及经过无数能够面对自己的情绪、管好自己情绪或是驾驭自己情绪的训练。我们也相信，如果有一天，你知道你的孩子，说出话时言之有物，遇到困难时不卑不亢，遭遇失败时能立刻检讨并重新思考成功的方法与路径。当你很清楚孩子的性格基调已经是这样的样貌时，我相信，无论孩子打算做些什么事，你都有能力（或是比起其他人更加地有能力）沉住性子，管理你的恐惧与焦躁，闭上眼睛，看看孩子将会做什么。也请让我们提醒你，只有这样的状况发生时，孩子才有可能真正地创造出现在世界所缺乏的东西，而不再只是成为那一万零一个专家，反复地复制出那一万零一种模式。

事实上，如果你已经知道情绪的触发反应与相对行动，对我们的影响如此之大，我们也想再告诉你，其实所谓的情绪管理，不只是一种对情绪的放置、约束与摆放。还是一种对情绪的影响，以及调节与转换的速度。

一个拥有绝佳情绪管理能力的人，不只在上述的悲欢离合事件样态触发时，可以更快地产生正向的、积极的努力与反应。同时这样的一个人，可以将他积极的、正向的、果决的、坚毅的、勇敢的情绪，不断地散播出去，感染其他人，甚至号召其他人一起为相同的目标努力与行动，而这个层次已经牵涉到我们很重视的领导能力上了。这其实也在透露一个信息：领导力不靠遗传，也是可以后天栽培学习的能力。而该怎么培养孩子的这些能力，我们将在接下来一章告诉你！

第3章

最难信任的一个人

——“把孩子的生命还给他自己”的爱

“安安静静的日子不是很好吗？为什么不能拿棍子揍小孩？花时间听他在那里唉唉地叫、哭哭啼啼，烦都烦死了！”

很多家长疑惑，我们都是这样长大的，我们的父母也从未告诉我们什么是情绪管理，现在怎么会如此麻烦。养育一个孩子不能打、不能骂，还要好好说、用心听他们的声音，怎么才隔了几十年，家长的地位却变得大不如前，还多了这么多困境与限制。

的确，以前的教养法看上去确实轻松、有威严，我们可以先来看看以前的教养方式，以及这样的教养方式究竟会惹出哪些麻烦？

你为什么要生气

相信以下这几句话，如今还是有不少家长会一不小心从嘴里说出来：

“你为什么要生气呢？”（质疑）

“生气有什么用呢？”（挑战）

“不可以生气，生气会变坏小孩，没人会喜欢你！”（告诫）

“你可以生气吗？”（否认）

这些话，相信大家在从小孩成长为大人的过程中，已经听过很多次。这在很多家庭的教养宝箱中，是居家必备的教养宝典之一：否认孩子的情绪，请他把自己的情绪收回去。一切情绪皆以不干扰别人为原则，而在看不到的地方，你要去捶墙壁还是捶心肝或是扔枕头，这些对家长来说是无所谓的。但重点是：别把你的情绪影响到我，甚至影响到别人。所以，你知道错了就赶快把情绪收回去，以和为贵，家和万事兴！为什么要发脾气呢？大家快快乐乐地过每一天不好吗？

现在，我们可以先来看看，否认孩子的情绪，将会出现什么问题？

首先，我希望大家都可以了解一个概念。情绪，不管是生气、开心、高兴、难过、兴奋、雀跃、愤怒、沮丧、害羞、恐惧、害怕、紧张、吃惊等等，上面所列的任何一项，都是没有所谓“对”与“错”的，我们可以感觉到哪些情绪让我们比较舒服、让我们感觉比较好，但是并没有什么情绪，它是属于“好”的情绪，应该被拥抱与接纳，也没有什么情绪，它是属于“坏”的情绪，应该被移除与矫正。因为所有的情绪，都是由你的心而起的，无形无色无臭无味，那既然都来自于同一个地方，为什么会有不同感受，又为什么会让人感觉舒服或痛苦呢？

“菩提本无树，明镜亦非台，本来无一物，何处惹尘埃？”

引用这首诗，不是要大家一起学习佛法，而是想让大家明白，情绪这种东西，不是来自于发生什么事，而是来自于你怎么看待这件事。所有的一切，都是由心里的那道念而来。

你的心为什么要起这个念，让你有情绪呢？心理学与演化学里的观点是：心为什么要起念，要让你感受到五花八门的情绪呢？因为老天要让你学习与感受——你是谁？你在乎什么？你厌恶什么？你要如何尊重别人，也尊重自己。

于是，遇到让你欢畅的事物，你就感觉到快乐；遇到让你受挫的事物，你就感觉到痛苦；遇到让你不满意的事物，你就感觉到愤怒。在这个过程中，情绪自然而然地，引领我们去探索认识这个世界，同时也探索认识我们自己。

因此，当你告诉孩子："你为什么要生气？""你可以生气吗？"时请注意，这句话可能真的会让孩子停止生气，当然也可能会有反效果，让孩子更发狂！但是在这个过程中，在孩子认识这个世界的过程中，你伸手阻碍了他。当他的布丁被妹妹偷吃掉，你告诉他："你可以生气吗？""你为什么要生气？"，这不仅仅只是否认了孩子的情绪，也否认了孩子感觉自己被侵犯，感觉自己被剥夺的真实感。也就是说，很有可能，当他 40 岁时，他的房子被别人骗走了，他会不知道自己到底要不要生气，是不是可以生气，因为他从小被教导，不应该生气，不应该在自己的权利被剥夺的时候产生情绪。这样的代价，想一想，是你期待的吗？

如果不是，同时你也不喜欢孩子躺在砧板上，过着任人鱼肉的生活，那么，就请不要再说这句话。因为否认孩子的情绪，等同于否认孩子对这个世界的认识，逼他们学习不相信自己的感受、直觉与判断力，而要相信别人。如此，你认为别人会对孩子做出最好的判断吗？除了孩子用自己的脑袋思考自己周边的生活、环境、变化与角色之外，有人能够做出比孩子自己深切感受、思虑周详之后，得出一个比孩子自己所能做的更好的判断吗？

答案一定是："不可能，没有这个人"。尽管你自己是一个能为孩子奉献一切的父母也不可能。因为你终究不是他，你用你的眼睛、大脑、年纪、背景在你的生活中，怎么能揣摩得出在孩子的变化世界里，所谓最好的结果是什么呢?“将在外军令有所不受”，只是隔着遥远的距离，君主就无法做出比将领更好的判断，更何况是与相隔二三十岁有大幅度世代差异的孩子。

这就是为什么留金山银山给孩子，不如留一个好脑子给孩子的最重要的原因，这也是为什么犹太人反复教导孩子，只要你有头脑，遗失所有的东西都不可怕的原因。

我们必须明白：我们无论如何努力，都无法为孩子做出对他而言最好的判断。因此，当你不断地告诉他“你为什么要生气？”“你为什么要哭？”时，请注意，这些语句都是在告诉孩子，他的感觉是错的，而你是对的，他不该相信自己，他应该相信你。当这样的过程不断发生时，你其实在大量剥夺你留在孩子身上的天赋资质，让他压抑与否认自己，然后跟随另一个人的期待，为别人而活。虽然此时此刻这个人是你，一个自认为完完整整无条件爱着孩子的你，但当你从他的生命中消失时，孩子就会自动变得能够思考、分辨与决策了吗？不会！这个答案你很清楚。而那时，你的孩子必须为自己找到下一个头脑的主人，让自己可以再像以往一样，（自认为）安全无虞地活下去，你确定这样的结局，是你要的吗?（或许这也是许多婆媳问题的争执点，谁在此刻合理拥有这个男人的大脑？）

我们再回到那个“布丁被妹妹吃掉”而生气崩溃，无法承受的例子上。试想，一个布丁被吃了一口，孩子就感觉到他的世界天崩地裂了，他想要发疯地哭，或是发狂揍人。如果老天给我们一个10元布丁的代价，让我们去学习什么是天崩地裂，学习在世界崩裂时，我们应该怎么认识自己，整理情绪、适切表达与解决问题，你觉得这样的过程不划算吗？或是你认为因为一个10元的布丁就有这样的反应，岂不是太笨？因此你宁愿多花10元买一个新布丁给孩子。你要明白，当你反复拒绝掉老天给孩子的这个10元布丁的学习机会后，下一个你意识到应该要学习的机会，可能就需要300万了。用10元的事件去学习处理天崩地裂，或是用300万的事件去学习处理天崩地裂，你希望从哪一件事开始？你现在还认为因为一个10元布丁而崩溃是极度不值得的事吗？

让我们再举一个罕见、极端但易懂的例子：

某一天下午，教室里来了一位叫小智的孩子，因为跟同学玩时太想要某张游戏王卡，他便趁同学不注意时把卡片放进了口袋，无论如何也不愿意把卡片还给同学。

当老师告知小智，如果不把这件事解决是无法回家的时候，小智便开始天崩地裂般地大叫大喊，甚至威胁老师：他要立刻打电话给警察说我们虐待小孩。

此时，在一旁的小智妈妈和奶奶立刻上前，苦口婆心地劝小智说："不要这么大声""不要发脾气""你就把游戏卡还给同学就好了"……

过了一会儿，只见小智一脸你们能拿我怎么样的模样，扬起头大声地说：“好呀！那你们给我 1000 元买点数（电玩），我就把卡片还给他！”

此时妈妈和奶奶立马掏出钱包，准备掏钱了事；但立刻被我们制止了……

从拿一个 10 元的布丁来改变孩子的情绪，到用 1000 元的电玩点数来交换孩子的配合，我想你应该明白，在未来的某一天，在那个已是成年人的孩子身上，你还能掏出多少钱，来交换他的好心情？

如果你已经明白不应该再否认孩子的情绪，那我想你应该会出现下一个问题：难道他发飙抓狂我便任由他去，从此之后换我成为被他宰割的角色？

当然不是！情绪没有对错，但是情绪的表现方式，就有很多层次。如何恰当地生气、恰如其分地发怒，不但生气生得好，还气得恰如其分，生完气大家不但解决了问题，还和乐融融，大家更喜欢你了。这就是修炼，也是我们可以引导孩子成长的地方。当然在这里，我可以很直接地告诉你，在 EQ 这么多项能力里，哪怕只练出这一项能力：气生完了，不但解决了问题，大家还更加喜欢你了。把这个能力练出功力来，离开家后，孩子不敢说能打遍天下无敌手，但也会是那数一数二的人物。

我们建议你在孩子乱生气发飙时，可以试着这样做：

一、同理他的感受：让他知道你了解他的情绪

例如："真的！如果妹妹都没问过我就把我的布丁给吃了，我一定也会非常非常的生气！"

但千万不要说："他是你妹妹，你需要对妹妹这么生气吗？妈妈说过几次了，哥哥要爱护妹妹，你现在在爱护她吗？"

二、询问他的感觉

问问看他现在是什么感觉？为什么会有这些感觉？刚才到底发生了什么事？这里我需要提醒的是，纵使之前的冲突你全部看到了，也请让他再以他的角度说一次。

举例可说："那你可以告诉我你现在的感受吗？""发生了什么事让你这么生气？"

千万不要这样做："我有没有叫你先吃完布丁再去拿乐高？那你为什么还要先去拿乐高，如果不是你先去拿乐高，妹妹可能偷吃到你的布丁吗？"

三、引导他适当地表达自己的情绪

当他表达自己为什么生气时，可能表达得并不是那么清楚，只能说出"他坏""都是他的错""我要揍死他！"这样的句子，这时你可以引导他说出更完整的情绪句子。

举例可说："我觉得很生气！因为妹妹吃完了自己的布丁，竟然趁我去拿乐高的时候，又偷吃掉我的。我想要揍妹妹！"

千万不要这样做："你为什么要骂人？骂人是对的吗？你自己

要走去拿乐高现在又这样乱骂人，还这么凶，你这样对吗？”

四、给予赞美与肯定

当他能完整地说出情绪表达的句子时，请你一定要赞美他的行为，并清楚地让他知道，他这样生气时，你觉得他很棒也更愿意和他一起解决问题！

举例可说：“哇！你现在可以知道自己是怎么了，知道自己因为什么事情这么生气，妈妈真的觉得你好棒！”

千万不要这样做：“布丁都被吃掉了，不然你要怎么办？不要都认为是别人的错，你自己检讨一下为什么要在那个时候去拿乐高！”

五、和他一起讨论解决问题的策略和办法

举例可说：“好，现在妹妹也知道你为什么生气，也跟你道歉了，那你怎样才愿意原谅妹妹呢？如果妹妹明天把布丁全部都给你，你愿意原谅她吗？妹妹你同意这样做吗？”

千万不要这样做：“因为一个布丁就吵成这样，你们从明天开始都没有布丁吃了。现在，都给我去写作业，不要再让我听到你们的声音！”

同时，我也必须诚实地告诉你，就像“感冒”两个字，写起来都一样，但是生起病来，每个人的症状都不同，因此必要的时候，我们会去找专业的医生寻求帮助。教养也是一样的，我们只能够提供你一般的保健良方，但无法告诉你，这一定适用于你和你的孩子。如果你需要，我们也是诚挚地建议你，可以去寻求专业人士的帮助。

回避冲突

家长还喜欢怎样教养孩子呢？

这些话你一定有听过："以和为贵"或是"家和万事兴"。如果你不知道这句话是什么意思，或许你也知道有这样一部电视连续剧。当一句话可以红到变成连续剧的名字时，我们就可以明白，在我们东方人眼中，这是多么耳熟能详，且弥足珍贵。

你也许会问，既然这么珍贵，那为什么有错呢？祖先留下来的箴言，不是应该立刻拿毛笔提在床头给孩子以警示，有哪里不对吗？

让我来告诉你问题出在哪里。

你曾经跟自己吵架吗？站在镜子前面，看着自己肥胖的肚子，一手捏住那溢出来的小肥肉，然后生气地对着镜子里的自己说："不是说要减肥吗？为什么刚刚又吃了炸鸡配啤酒，你以为这样就会变成千颂伊[①]吗？"

---

① "千颂伊"是2013年当红韩剧《来自星星的你》中的女主角，她喜欢吃炸鸡配啤酒，也因此造就了一场饮食风潮。

当然，上面那句话，你也可以自由发挥，我相信不是每个人都想要变成《来自星星的你》里面的主角。我的重点是：我们每一个人都会跟自己吵架。那别人有可能这么凑巧都是你我前世今生的伴侣，都可以毫无误差地与我们心电感应吗？

不可能。

如果你也正好心里很笃定地说出这几个字，我可以很清楚地告诉你，你已经明白其中八成的含义了！当自己都会和自己吵架时，那要怎样和另一个人和气生财呢？人与人之间你来我往的相处可能会如此顺畅适切，没有一点争执吗？不可能。唯一一个可能发生的方法，就只有："安静""压抑""让自己消失"以及"努力地如他所愿"。当上述的这些条件都发生时，一切就会变得一团和气吗？我想先给你说一个故事。

有部流行的电视剧叫《后宫·甄嬛传》。讲述的是雍正时期，后宫内的人相互钩心斗角，你争我夺。这部电视剧剧终之后，出现了许多如"甄嬛教你如何升迁""甄嬛教你如何适应职场"之类的文章或书籍，如果你有兴趣，欢迎再去查找资料，但这不是今天的重点。今天我想和你谈的是：你是不是同意，有办法进入紫禁城的人，恐怕都是当时中国的第一流人才。臣子要第一流的臣子、妃子要第一流的妃子、太监要第一流的太监、婢女也得是第一流的婢女。

我们东方人历来比较聪明，几百年前我们就懂得要把聪明人放在一起以发挥最大效用的道理。所以我们把这些第一流的人，统统都塞到了紫禁城。

塞是塞到一起了，但结果呢？《后宫·甄嬛传》告诉了我们剧中所谓“以和为贵”的含义是：“只有一种价值”“只有一种好”。因为只有一种是最正确、最好的，所以没那么正确的人，就要努力修炼让自己正确。而在整个紫禁城里，唯一正确的，是坐在龙椅上的那个人的心情。他心情好，事情就是对的，心情不好，事情就是错的。因此，紫禁城里管他有多少聪明的脑袋，如果你摸不透椅子上的那一颗，那么无论你是会吟诗、作词、唱曲、溜冰、制香、刺绣、念佛、哼小调……统统没用。你要从“和”走到“贵”，你就要把“绝对正确”摸透，一定要一团和气。如果你不够和气，“绝对正确”就会不高兴，不高兴就不“和”了，那你就更不可能会“贵”了，你只会没命。

因此，所有的精华脑袋，都努力地变成一个脑袋。有人想要阻止你靠近那个“绝对正确”，你还是得一团和气，因为以和为贵！但是《后宫·甄嬛传》告诉了你，我们的祖先是怎么做到看着那些看不惯的人，还能跟他一团和气的。

那就是把他神不知鬼不觉地“干掉”，当他的脑袋都离开了头，他怎么还会和你唱反调呢？

所以，把所有的精英都放在一起，最后的目的就是要去芜存菁，留下最精华的那颗脑袋。这就是“以和为贵”。为什么“和”？因为只有一个想法、一个思考、一个感觉、一个正确，因此大家都一团和气。当这一个“绝对正确”心情好了，他就会把好日子赐给你，你也就“贵”了！而这个“贵”，到底是你以为的“贵”，还是别的，只能冷暖自知了！

现在，你了解和气生财的真实道理了吗？你也明白以和为贵的惨痛代价了吗？我们把最精华的几百颗脑袋，去芜存菁留下一颗。而不是让几百颗脑袋互相吵来吵去，最后发现哪里对，哪里错，哪里可以更好，哪里可以再修正，哪里可以再调整加强。激发大家的思考、提升能力与开发潜能，彼此冲突，然后进行良性竞争，没有绝对的对错。一切皆看每个人的本事，能够为这个社会与世界提供多少有建设性的、被需要的价值，来影响、创造与改变世界，在这样越吵越有精华出现的文化逻辑背后，我们的去芜存菁能够拥有竞争力吗？

看了《后宫•甄嬛传》，再看了我上面的解释，我想你应该可以明白，“以和为贵”究竟有什么问题。我们可以好好地坐下来想想：隐藏冲突，维持表面和谐，真的重要吗？面子跟里子，我们究竟要怎么选？完全没有冲突、没有争执、一团和气，真的会让我们更好吗？

再说一个曾在我眼前发生的事：

> 这是一个高年级的冲突协商课程，小朋友们要一起完成一个简单的任务，但只要中间有一个人出现一点小错误，就会导致集体的失败。
>
> 比赛开始了，小华一个不小心犯错了，任务失败。其他孩子此时也真的都是好脾气，大家互相看看对方的眼睛说：“没关系啦！再来一次！”

于是，比赛重来。又是小华，又是同一个错误，任务又失败了！其他孩子依旧互相看看对方的眼睛说："没关系啦！再来一次！"

比赛再次重来。还是小华，还是同一个错误，结果自然以失败告终。此时其他孩子依旧好脾气地说着："没关系啦！再来一次！"

……

你也许会奇怪，怎么同一段话重复出现了这么多次。一次次的失败，一次次的重复，唯一的差别是，随着重复失败，每个人的脸上，都多出了一些只有专家才看得出来的情绪。除此之外，动作是一样的，话语是一样的，失败也是一样的，一切真的好和谐。你可以猜猜看，这个故事到底会重复多久？

那时我就坐在旁边看着，看着我们以和为贵的孩子们，可以容忍多久，可以压抑（忽略）情绪多久？又愿意重复失败多久？十二次！到了第十三次我实在看不下去了，这已经不是冗长的自制剧，这是不断重复错误！

这个故事清楚地告诉了我们："表面的和谐根本无法解决真实的问题。"如果我们从小教导孩子以和为贵，凡事不争，就是在教孩子忽视问题、回避冲突，你能明白这个代价有多大吗？难道你喜欢过一个总是忽略问题，总是在失败处、问题口避开不解决的人生吗？

答案绝对是：不。因此我们需要从小教导孩子敢于思考，别再相信任何人告诉你的绝对正确或单一价值的东西，三百颗脑袋与一颗脑袋的竞争，答案是很明了的。放弃单一价值、忘记单一智能的成长路线，找出孩子的天赋，勇敢带着孩子面对情绪、面对冲突。能够好好地、适切地处理情绪与处理冲突的人，才能拥有掌握与发挥多元脑袋及能力的钥匙，别再让孩子成为回避冲突与逃离问题的牺牲品。

你可以怎样引导孩子勇敢面对冲突呢？我们的建议是：

一、培养孩子的思考力

从最简单的生活开始思考，比如为什么天空是蓝的？为什么走路要靠右边走？为什么在操场可以跑来跑去，在走廊和教室就不行？别小看这些思考，他可以帮助孩子活络他的神经元，让孩子的思考更加活络。思考活络的孩子更能够不被单一刻板的规则束缚住，也更容易不被问题或挫败限制住。

二、鼓励孩子勇敢表达

有思考能力但不会表达也不行，那样不会有任何产出，只是在思考里绕圈，所以勇敢表达是主动行动的第一个步骤。不过，需要提醒所有爸爸妈妈的是，当你的孩子好不容易鼓起勇气勇敢表达自己时，请不要急着纠正或告诉他，他的想法是错的。那会让他觉得“那我干嘛要说，反正说了也是被你反驳”或是“反正我怎么说都说不过你，还是继续闭嘴好了……”

那么，当他勇敢表达时，到底可以说些什么呢？无论你要说什么，请记得先告诉他："你很勇敢表达了你的想法，我觉得你很棒！"然后再开始表达你的意见。这样既不会抹灭孩子敢表达的意愿与能力，又不会因此无法评论或建议，让孩子以为整个世界都完全应合他的思考与判断。

三、帮助孩子拥有良好的情绪独立性

请让我在这里为你介绍一个新词汇："情绪独立性"。

简单来说，这是指一个人可以清楚地知道自己的情绪与别人的情绪是互相影响，却彼此独立的。我可以知道那是你在生气，不是我在生气；那是你在难过，我是因为你难过而感觉到难过，但那不是我的难过，我不需要因此而改变我的世界。

为什么情绪独立性很重要呢？因为绝大多数的人，都一不小心把别人的情绪扛在自己的肩膀上，这句话的意思，再简单一点，就是把别人的人生扛在了自己的肩膀上。

当孩子拥有良好的情绪独立性后，便不会那么容易被别人的情绪影响；不会随便因为别人的喜怒哀乐，而转变自己人生的方向。有许多孩子，只要看到旁边有人皱着眉头，他就认为自己被讨厌，于是开始小心翼翼，提心吊胆，生怕一不小心，就让自己跌入一个麻烦坑；而另外一种孩子，当旁边有人发怒时，他也跟着莫名地生气，小事变大事，大事变坏事，仿佛全世界都跟自己有仇。一个生气再惹出第二个生气，第二个生气再惹出第三个生气，问题越惹越大，最后该怎么办？一塌糊涂难以收拾时还希望"某一个王子会骑着白马过来拯救自己"？（很多童话故事的结尾都是“王子来拯救公主”式的幸福快乐结尾，这其实大量凸显了：人类对有人可以从天而降把自己从问题中解救出来的渴望。可惜的是，真实世界永远是“天助自助者”；梦想中的“被拯救渴望”大约都在故事书里）

因此，培养孩子能够勇敢面对冲突，更要引导孩子理解每个人都有属于自己的情绪，能够清楚分辨你的事是你的事，我的事是我的事，如此才不至于把所有人的情绪都搅和在一起，使得问题复杂不清。

四、让孩子理解冲突的真谛

如同前面所说，没有冲突就没有彼此思维的碰撞，也没有一起将问题解决的机会。所以不妨告诉孩子冲突的发生不完全是件让人沮丧的坏事，反而是一种惊喜：“恭喜你又找到了一个问题，可以朝更好的自己迈进”；如此一来，“冲突”这件事在孩子心中，便更能坦然面对，甚至从不同的角度去迎接它。

五、坦然面对冲突

坦然地面对冲突，而不是一感到冲突，就觉得自己被攻击了，只有心态平和，孩子才有更多的时间去了解事情的经过。倾听与沟通就是面对冲突的第一个步骤，通过倾听了解对方的立场，通过沟通来表达自己的想法。这个过程非常重要，它可以让别人明白我们的思维，也帮助我们了解别人的观点与心思。多倾听多沟通，帮助孩子拥有更多元的观点与思考，才不会那么容易掉进刻板的框架中。同时也只有在这样正向地倾听与沟通中，冲突产生的问题点才能被聚焦。

六、理解冲突的发生是问题产生的源头，最重要的还是解决问题

在倾听与沟通中找到最根本的问题点，然后鼓励孩子一起动脑思考最好的解决策略。寻找双赢，除了能考验孩子的思考能力外，还能更明确地让孩子了解：“人是可以开心地一起面对冲突，并能愉快地解决问题！并且在问题解决之后，我们都能变得更快乐！”

当孩子不断地练习面对冲突和解决冲突的方法时，孩子所学到的，将不只是吵架的策略与办法，而是让孩子在思考、情绪、人际上都可以不断地向上提升。这时候的孩子，你将为他的耀眼而感到万分惊艳。

棍棒处理法的后果

让我们再回到本章一开始的主题，以前父母习惯使用的教养方式：棍棒处理法。

相信很多人都曾有过这样的经历，因为一件事情的发生：可能是不能吃冰激凌，或者是心爱的玩具车摔坏了，于是内心产生了情绪，开始大哭大叫，突然爸爸（妈妈）就提着一根棍子走过来了。“砰！”，棍子重击着桌面，发出好大的声响，只是突如其来地看到这一棍，你就已经惊住了。然后，爸爸妈妈再吼道：“你再哭，我就揍到你不哭！”“你要生气是吗？那我就来打到你不生气！”

“识时务者为俊杰”，谁都会立刻选择安静。谁喜欢这根直径一厘米的棍子打在身上的感觉呢？皮肉之痛谁都害怕。

如果你也有过这些经历，回想起来，是不是一切历历在目。然后，你（孩子）安静了，但是，你（孩子）懂得如何处理情绪了吗？

曾经有家长这样跟我提过："老师，阿保可以一个月都不惹麻烦，这就表示他有能力管好自己对不对，所以，在一个月零一天时，他又去揍人，他根本就是故意的，他是欠揍吗？"

这个逻辑听起来好像有些道理，你认为阿保是可以把自己管理好，却又去揍人，他根本就是故意的，想要被揍，想要给父母难堪？

可是你知道吗？就连被严重家暴的孩子，都会拼命说服自己：我爸拿烟烫我，打到我骨折，都是因为他爱我，他只是一时太生气了。连一个被严重家暴的孩子，都如此渴望着自己的父母能够爱自己，从而需要进入非理性的自我说服，你认为哪一个孩子，会渴望看着自己的父母难堪？（事实上真的会有，但他们也都是从爱出发，经过多层次与复杂的心理扭曲转折后才会变成这样，这些状况不在此处详谈。）

我想告诉你的是：孩子本质上都是爱父母的，而且渴望着父母的爱。我遇见过太多太多的孩子，在情绪激动、揍完人之后，整张脸都是灵魂抽离又满怀愧疚的。他不是对于那个被揍的人感到愧疚，他是对于自己的爸爸妈妈感到愧疚。因为，他早已答应过自己心爱的父母不再揍人，对于违背与心爱之人的承诺，恢复理智之后，发现自己又辜负了爱自己的人，因此感到愧疚、感到自责、感到不堪，从而对自己愤怒、生气。但是，他能怎么办呢？情绪来的时候，一瞬间就失去了理智。

我在此书举这些例子，主要是告诉所有的父母：孩子不会想要让你难堪而故意做这些不讨喜的事，他也不是你认为的，来到你的生命里是来报复的，这时我们又回到了同一个问题：如果是这样，为什么孩子在一个月里可以控制好自己的情绪，却又在一个月零一天时，突然爆发？难道是灰姑娘的闹钟响了，所有的一切都恢复了原貌？

要理解这个答案，我们就要再回到最前面的故事，棍子“砰！”的一声，敲击在桌面上，你已经被吓到了，想着这一棍要是打在我手上，那我岂不是会骨折？一瞬间恐惧袭来，理智从情绪的包裹里跳了出来，你听懂了爸爸（妈妈）怒吼的话语想表达的是什么：“你再哭，我就揍到你不哭！”。如果再继续顺着情绪走，你会挨揍，于是你让自己强行跳出情绪的包裹，保持安静的状态。

在这个故事里，我希望你可以明白，情绪的种类很多，而恐惧是最生死攸关的情绪，它具有瞬间取代所有情绪的可能。当它出现的那一刻，其他情绪都将在他的身后匍匐，更简单地说，情绪是一种生存的本能机制，而活下去更是生存最简单的道理。因此当恐惧出现时，表示生存机制受到威胁，其他需要理解的、需要学习的、需要探讨的，都只能统统退到一边，先活下来再说。

因此，在这样的状况下，恐惧出现，压抑了其他的情绪。因为恐惧，所以孩子只能选择安静，但是这个安静表示没有情绪了吗？表示问题解决了吗？不，都不是。所有的一切都没有解决，孩子还是不明白自己刚才是怎么了？他所在乎的事情是什么？他所在意的事件该怎么圆满地处理？他的状态是怎么回事？他之后如果再有这些情绪时，他该如何去面对处理？该怎么去引导调节？该怎么面对自己的情绪，如何安抚自己与解决问题？这些重要的学习，没有一个被探讨到，所有的一切就像是被挤动的板块，被压到地底下去了。

这些被压到地底下的东西，消失了吗？还是它只是在酝酿着蓄势待发？聪明如你，相信已经明白，藏住了不表示不存在，但是看不到却表示更危险。这些隐藏的情绪，被埋在深处，它们不被认识、不被管理、不知道该如何消除，只是被隐藏起来了。因此一段时间之后，日积月累的情绪，所有的问题依旧存在、依旧没有被解决，就像板块间的相互挤压，总有那么一天——火山爆发了！所以，你看到孩子好像可以管理好自己一个月，但是一个月零一天之后，一样是“山雨欲来风满楼”，风暴过后，仍旧是残骸遍野。

我还可以继续告诉你，维持同样的方法，你还真的会发现孩子越来越能够管好自己。因为，本来是十五天发作一次，后来是二十天，再后来还可以是一个月，之后是两个月、四个月，甚至是半年。随着时间越来越长，你或许也越来越放心，而孩子，就这样长大成人了。

听起来似乎很不错，但事实上，孩子完全没有学会任何东西，他只学会了压抑，还有理智的时候用理智压抑，没有理智的时候像火山一样地爆发，情绪当口如果遇到生死攸关的问题，再把情绪像用压力锅一样地压下来。随着孩子的年龄增长，前额叶越来越成熟，你可以发现他压抑得越来越好，但他不是在管理情绪、调节情绪，他只是在压抑，把感觉控制下来，塞进去，当作感觉不存在。

这样的孩子，长大成人之后，他可能不知道情绪是什么，甚至不知道要怎么表达爱，关系要怎么经营……他都不会。因为他从小就不知道那是什么。这样的孩子，如果某一天继承了掌控权，问题将会更加严重，没有谁敢拿棍子打在他身上，也许打在了他身上，他也已经毫无感觉了。这时候，他生命中已没有什么可以控制的恐惧加在他身上，他的情绪开始自由地发泄、挥霍，于是，握着掌控权而跟着情绪（欲望）走的人，开始压抑着别人，宣泄着自己，直到有一天，巨大而真实的恐惧来临。这次不再是谁提着棍子出来，而是在真实的生死存亡之际，老天来检验人生的功课学会了吗？在那个时候，孩子才恢复了理智，但是然后呢？这么巨大的功课，谁能够突然之间拥有面对与掌握的能力？一切可能已经毫不留情地崩解了。

如此，你明白纯粹用棍棒教导孩子进行情绪管理的可怕之处了吗？只会压抑的孩子，他的情绪管理只有压抑与爆发两条路，而爆发时只能够用恐惧来镇压，促使他理智恢复。但是，随着孩子的年纪越来越大，还有谁有什么恐惧筹码可以让他恢复理智呢？没有。而这个答案将直接宣告着真实的死亡恐惧来临。

因此，别再迷信棍子的速成教养法，在准备用自己的情绪压迫孩子时，我们建议你可以这样做：

一、“离开现场”是最快且明智地选择

与其将自己的情绪和孩子的情绪搅和在一起，不如让自己先离开现场整理一下自身的情绪。其实没有一件事情非要立刻解决不可，处理好自身的情绪，才能避免使用非理性的情绪语言和行为，导致事情越演越烈。

二、你必须了解“你的人生是你的人生，孩子的人生是孩子的人生”

他有他要学的：如何在盛怒下好好管理自己的情绪；你也有你要学的：不要拿别人的错误来惩罚自己，做到情绪独立；就是这么巧，老天爷刚好把你们要学的功课放在一起！

你必须了解，教养从来就不是一个操控者，时刻在操控着一台电脑或机器，你要他怎么走，他就会怎么走。教养的真谛，是一个引导者，引导着另一个可以自己思考与决定的头脑与身体，去思辨、分析、执行更美好的生活方式。“当局者迷，旁观者清”，越能跳开孩子的情绪现场，你才能明确而清楚地了解孩子的现状与问题，同时也才能成为真正的引导者而非使用棍棒或情绪压迫的操控者。

当然，我还是会真诚地告诉你，这就像感冒睡了三天还没好一样，必要的时候，请去找专家寻求帮助，他会帮助你更有效地找出问题、解决问题。别再迷信“拔路边的草能止血”的方法了！

躲避地雷法

还有一些人会用这样的方法帮助孩子稳定情绪：躲避地雷法。

孩子还没有语言表达能力时，主要照顾者去抓取与理解孩子的需求，并提供适切的满足，这是两岁以前最好的教养法则。但当孩子的发展进入到下一阶段时，还维持这种“躲避地雷法”的模式，将产生一些问题。

你很清楚知道他六点一定要看《海绵宝宝》，不然会抓狂，因此你提前做好所有的安排，让他六点一定会安安稳稳地坐在电视机前面，欣赏他的《海绵宝宝》。你知道他早餐一定要吃烧饼配豆浆，不然他就会开始闹脾气，因此，不管日子怎么过，刮风下雨大太阳，出门旅游去做客，你都一定会把烧饼与豆浆送到他的面前。所以，孩子情绪真的很稳定，也根本不会闹脾气，能够好好听话、很讲道理，真是这样吗？

让我再告诉你一个故事。

一次我坐地铁准备去台北车站，中途有三个人上来，两位五十几岁的老太太与一个三十几岁的高壮男子。男子身高约一米七，空着双手跟在两位老太太后面，而地铁车厢里只剩下一个空位子。

男子没有背包，而其中一位老太太背了个后背包。很自然地，男子坐了剩余的那个座位，而两个老太太拉着把手站着，愉快地聊着天。

这一幕如此不和谐，全然吸引了我的目光，我一直看着他们，试图了解这一切。

突然间地铁车门打开了，进来一位七十岁以上的老婆婆，满头白发。背着包包的老太太，暗示性地叫了几声坐在位子上的青壮男子，而原本正在发呆的男子，突然看到那位白发老婆婆，立刻站起来，凑上前去，让座给老婆婆，并与两位老太太一起站着。

一瞬间，没有背包包的老太太说："你儿子真的很乖！很有礼貌又会让座。"

"你儿子真的很乖！很有礼貌又会让座。"这应该是针对一个三十岁男子的称赞吗？我不理解。有位子不让给妈妈坐，也不帮妈妈拎包，三十几岁的高壮男子，得到的称赞是：你真的很乖！

我必须要强调，所有的情绪都是老天希望我们学习的。忽视情绪的存在，等于否认这个人的存在。如我前面所说，蓄意躲掉孩子情绪的地雷，让孩子永远都保持在安静平稳的"与你相处"的情绪中，更是一把把孩子推进棺材甚至亲手封上盖子的可怕行为。

我必须说，最了解孩子习性的你，绝对是一个非常用心的好妈妈，才能够观察得如此深入透彻，如此理解孩子。但是就如同洪兰老师说的“港口不是造船的目的”，孩子并不是生下来要被我们留在身边的，船只并不是建造来停放在港湾的。走出家门之后，孩子如何发挥你留在他身上的潜能优势，如何为整个世界、社会创造价值，这才是我们为什么要如此用心教养的目的。

当你费尽心思地为孩子营造一个安心的家，为孩子避掉所有的地雷，乍看之下孩子的情绪平稳了，他的所有需求都被满足了，他快乐自在了！然后呢？孩子发现，他不能离开你，因为除了你之外，没有人这么懂他，不再有人可以如此了解并满足他的需求，除了在你身边之外，去到其他地方，他总是会有情绪，总是会让他觉得不舒服、不自在，想生气、想回家。

“我希望孩子健康快乐就好！”这是许许多多父母的希望，在见到孩子的那一刻，为孩子与自己许下的愿望。但请容许我提醒你，我们几乎是一定比孩子更早离开人世。因此，要让孩子永远健康快乐，这把钥匙一定要握在他自己手上，而不是我们手上。当他拥有让自己健康快乐的方法时，他才能真真切切地一辈子健康快乐下去。无论我们能为孩子打点多少，只要钥匙握在我们手上，孩子就不具有健康快乐的基本条件。

所以，把钥匙交到孩子手里吧！而这把钥匙就是孩子的情绪。妥善地认识自己因什么而快乐、因什么而悲伤，哪些是要积极争取的，哪些又是应该学习接受的，如何面对自己的情绪，如何为自己调节梳理，如何为自己适当发声表达，如何让身旁的人知道我的处境，并且懂得恰当地尊重我，而我也可以恰当地尊重周边的人。这些生命智慧，所有的一切，都是由情绪开始的。把情绪还给孩子，把真实还给孩子，就是把如何生活得健康快乐的大智慧，交到孩子手上。

老天是很特别的，一切冥冥之中的安排，会让我们在理解其中的道理之后，不胜感慨！如同孩子因为要学习走路，所以上天安排了孩子三等身的身高比例，身体重心很低，因此孩子根本不怕摔伤，摔久了、痛了，便会越走越好。情绪也是一样的，老天给孩子一开始的情绪学习，也是代价最小的：布丁被妹妹吃了一口，孩子就觉得世界崩裂了，哭得呼天抢地，这时候的情绪管理学习代价，只是一口布丁的钱；一口布丁的痛苦，我们引导成功，孩子便学会了如何面对世界塌陷，天崩地裂的难过。你说，值吗？

但如果我们看不懂老天的安排，故意去避开孩子的地雷。反正只是一口布丁而已嘛，哭成这样是为什么？我直接去楼下的便利店买一整排新布丁回来，也不过几块钱，为了这点小事天崩地裂，岂不是荒唐？

小孩的事，用大人的眼睛去看，自然荒唐。但是没有经过这些荒唐事，孩子又如何变成大人呢？我们的父母太舍不得孩子荒唐，舍不得孩子犯错，也因此成就了更大的荒唐。在老天的 10 元功课里没有学到如何面对自己与面对情绪功课的孩子们，一个一个长大了，让我们来猜猜，一个 40 岁的成人所遭遇到的天崩地裂的代价是什么呢？妻离子散？公司倒闭？生死攸关？而在这个时候学习面对自己的情绪与世界，你又认为有几个人走得过这一关？

不避开孩子的地雷，你可以这样做：

一、将孩子的功课还给孩子

教养的目的在于引导，不在于一手遮住他所有的问题和困难。所以把孩子应该去体验、应该去探索、应该去面对、应该去感受的都还给孩子，让他去亲身体验吧！

二、给孩子犯错、搞砸的机会

身为过来人的我们，势必在童年过程中也曾因为犯错而错失机会、得到处罚。但当我们的孩子也有可能经历这些犯错时，我们却因为太害怕他受伤、太害怕他做不好、太害怕他失去机会，而在他可能犯错时直接给予了他策略和方法，甚至直接预告他接下来可能会发生的事，直接帮他做好妥善安排！

但事实上，一切照表上课的生活，孩子除了感觉到安逸（无聊）外，他还能获得什么？他的经验匮乏、情绪匮乏、最终人生也将匮乏，这是你要的吗？

多给孩子尝试、探索的机会，虽然会痛苦、会悲伤、会焦虑、会慌张，但也因此会有欢欣、美好、满足与成就，在这样的过程中，孩子才能长出属于他的智慧。

所以，请记得这句话：永远不曾犯错的人生，将会长出最可怕的东西。

结语

教养的本心——当“父母经”喧哗时，我们不能忘记的事

教养，如果某种程度上我们把它理解成继承。那我们必须想想，我们希望孩子继承什么？

这些答案我们可能在一瞬间会想到很多，金钱、房子、知识或是一些美善的价值。每一个努力用心的父母，甚至是忙到没时间用心的父母，至少都是这么爱孩子的：我希望可以把我知道的美善、我所拥有的美善，继续传递出去，也把那些我经历过的险恶、遭遇过的难关，很努力地试着不让孩子再遭遇一次。

这就是身为父母的爱，一种希望再传递的爱，一种希望孩子拥有更好的生命力量的爱，这一切的愿景都是好的。但在这本书的最后，请容许我们再说一说。

首先，我们希望你可以知道，孩子第一个继承的，不是房子、不是金钱、不是你的才华或是你的眼界、学历，而是你的功课，老天开给你的功课。也就是我们个性中的难题。

我们已经不止一次碰见下面的情况：一个男孩因为父亲离家

后毫无音讯，基于对父亲的愤恨与弥补心理（我绝对不要给我的孩子感受同样的痛苦），男孩成为父亲后，努力地守着家庭。于是他自己、他的妻子、他的孩子，都必须把家庭视为最重要的基石，从而必须切割掉所有的社交生活来显示并完整他自己的爱与期望，绕了一圈之后，守着家的男孩，与他那遗弃家的父亲一样，都成为他的妻女所痛恨的人，绕了一圈，老天的功课又再一次地继承下去了。

或是，一个痛恨父亲外遇的男孩，在长大之后，因为理解了父亲处境中的为难与痛苦，因此原谅了外遇的父亲。也同样的，再次拥抱了切割家庭关系与自我需要的不当选择：外遇。再一次地，功课又被继承了。

刻意的美善传递，或是刻意的痛苦回避，都无法让你的孩子更好。因为这些刻意，绕了一圈，又将回到同一个原点，就像真实世界的元素：太多的二氧化碳会让人窒息，但完全的纯氧一样会让人致死。过犹不及一直是大自然里不断出现的问题征兆，无论是人与自己、人与他人、人与外界的关系，都同样无法逃出这个难题。而如何走向生活的平衡、亲子的平衡、教养的平衡、生命的平衡，也一直都是一个难以开启的智慧大门。

其实怎么教孩子，就是怎么对待自己——怎么对待自己的需要、对待自己与其他人、事、物的关系。所以教养，最终又回到了自己身上。就像是太极，从有形、无形再到忘形，最后的精神都是一样的。要把教养做好，其实最简单的方法，就是把自己做好。

把自己做好，让自己开心的时候可以开怀大笑；把自己做好，让自己难过的时候有人可以拥抱；把自己做好，让自己愤怒的时候可以有机会表达，但又不至于失去焦点，整理完情绪之后，可以看见问题、看见为难，可以着手解决难题；把自己做好，不轻易地把别人的为难扛在自己的肩膀上，不轻易地要别人为自己的痛苦负责。其实就这样，让自己完完整整地做出老天开的功课，孩子的功课也就迎刃而解了。因为，你与他的所有相处，就是一种以身示范的最好教养。

所以，想要更好地爱孩子，你要学会更好地爱自己，不是自私的那种爱，是流动而豁达且自由的那种爱。你有多久没有跟朋友在外面喝茶聊天？因为爱孩子，所以你应该牺牲这样的社交生活吗？错了，电话拿起来，立刻找朋友出门去吧！你懂得爱自己，孩子才懂得爱自己，你为了孩子拼命地牺牲，孩子就在你身上学会为别人牺牲，你为孩子而暴躁与人冲突，孩子就学会可以忘记自己，为所爱的人拼杀，我想这些都不是你希望他继承的。

其次，好的教养就是让你的关系更好。注意，这里的“让关系更好”，并不是要你委曲求全，让孩子非得有父有母，因此在孩子面前伪装成一副家庭美好的样子。孩子不笨，这个事实恐怕会让许多父母们震惊，虽然大家心里都不希望自己的孩子笨，但恐怕也都没有意识到孩子是如此精明，你的伪装与为难，孩子哪怕看一天看不懂，看了一年也是会懂得的。而这些父亲禁忌与母亲禁忌，那些家里面的蓝色门的钥匙孔[1]，你以为你上锁了，门关得很紧，但孩子其实什么都看见了。很多你隐藏的事实孩子不见得会知道：你刻意地隐藏了谁有外遇，没有人说，所以孩子不知道。但是，你的神色无法隐藏，孩子看得懂那昏黄灯光之下，你那彷徨无助又脆弱无力的脸庞，孩子知道，是谁在伤害他所爱的人，而这样纠结又无法解除的爱与痛苦，一天不处理，就一天像不断被海水侵蚀着的石头一样，留下不可抹灭且难以逆转的痕迹。因此，忘掉表象这件事吧！让真实的自己与真实的关系呈现在孩子面前，没有破灭是绝对致死的，只有隐藏的毒在夜以继日的侵蚀下，会让身体瘫痪。

请不要担心会留些痛苦给孩子。我们当然希望留给孩子的一切都是最好的，但这世界最好的美丽，没有一个是可以凭空而来的。美丽的浪花要经过沉重海水的大力拍打，美丽的森林要经过漫长的时间累积。“我们家不如别人家”“别人家有爸爸，我家没爸爸”，这看起来是个缺失没错，但不用担心这样的缺失会对孩子造成致命的伤害。极大的痛苦可能会像一个可怕的陨石，砸掉我家的客厅，因此我们一出房间门就摔下好几十米，又要努力爬上好几十米后，才能出门，别人花三秒钟可以做的事，我们就因

① 引自一则格林童话《蓝胡子》。故事为一个有钱的丈夫给了妻子许多钥匙，完全的自由与金钱，但就只有一扇门绝对不能打开；好奇的妻子最后还是忍不住打开了，但打开之后就是死亡。而后蓝胡子又娶了下一任妻子，再进入同样的呵护与“好奇禁止”……

为一个致命的问题，要花上好几个小时。这一切看起来就像个不可挽回又无法弥补的错误，我的孩子可能就将因此完全无法与人竞争。

但换个角度看，这个几十米的大坑，我是不是可以把它看成一个生态游泳池？里面有水藻、有鱼，我在上面建座桥，旁边种些树，从此之后，每一个来到我们家的人，都惊叹：“天呐！怎么可以这么美好，家门口就有一个这么棒的生态游泳池。”或许好长一段时间后，还有很多人拼了命地把自己家里的客厅刨开，想要打造出跟我们一样的生态泳池时，却发现怎么挖也挖不了这么深这么大的洞！

这个比喻，代表着一种顺性发展。这样的顺性发展，不只是顺着孩子的先天个性，也包括顺着我们已尽力但无力抗拒的后天际遇，我们不可能永远不给孩子缺失，完好无瑕的浑圆白玉有它的价值特色，而这边凹一个那边凸一个的石头，顺着它的样子去雕刻，变成一头栩栩如生的肥猪，这样恐怕也价值不菲，雕刻是这样的，创作是这样的，教养也是这样。

所以，不必觉得自己对不起孩子，认为自己没有办法给孩子别人给得起的东西。因为，或许这样的缺失，就是你孩子最大的竞争力。没有穷到小学五年级就必须去卖米的王永庆，可能就无法有今天台塑集团的创办人。所以，安心舒适地成为你自己，只要你有意愿教养，有爱教养，有愿意跟着孩子一起成长的心，这就够了！不是非要家财万贯，非得每天有亲子间的亲昵相处，或者非得是电视剧上那一家人和乐融融地吃着什么牌子的蛋糕，才是美好的家庭。有爱的家庭，有意愿认真地看待自己的生活、愿意参与孩子生活中的每一个冲击，并且在这些摩擦、撞击中不断地找到更好的平衡、一起参与这场上天给予的修炼的父母，就是最好的父母。

忘记父母这个角色，忘掉你曾经看过的所有美丽剧本。你没有非要成为什么样子，或是非得扮演什么，没有谁一定必须凶狠地扮黑脸，谁一定只能无助地当白脸，这不是一种角色扮演。我们也没有站在哪一个舞台上，下面有成堆的观众，等着要给我们掌声或嘘声，我们不用担心票房，也不用担心观众或是哪个名嘴的评价，将影响下一档节目的购买率。父母不是一个角色，是一场上天给予的功课，一场人生的修练。你的心性急，凡事想用最快的速度完成，孩子的出现让你发现你怎样都无法用最快的速度，去完成你想要完成的事。你充满爱与关怀，凡事不计较且包容，孩子就让你发现尽管是自己的血脉，他竟然还是毫不客气地骑到你的头上，非得你为自己做点什么才能换来尊重。

“养孩子”就和自己在这个苍茫的世界闯荡一样，都是一场生命平衡的修炼，甚至是更难的修炼。因为在孩子零至十五岁的关键教养时期，我们要体验一场从生命的完全依靠、绝对依赖的状态，进入到一个完全放手、各自为生且懂得互相欣赏的独立状态。如此短的时间，这样两个极端位子的延展，老实说，我完全不认为有谁可以轻易办到，而这样的难度，甚至比企业经营与管理还要困难。因为经营企业，你可以关门暂停，你可以解雇职员，但教养却完全无法喊停，无法说再见。但是我们在经营企业时，当遭遇困难的时候，我们知道要寻求帮助、要发问、要学习、要去请一个顾问。但教养，这个具有相当难度的难题，却只因为“父母”两个字的神圣包装，要逼着我们埋头在眼泪中自行寻找方法或调适，这绝对不是在帮助谁或不影响谁，这样的集体行为与信念完全在扼杀我们下一代的成长品质。

所以，最好的教养就是一种美好积极的生活态度，而美好积极的生活态度来自于我们自身的修炼。我们是否有能力快速地调适压力、恰当地解决问题、温和适切地处理与身边人的冲突，是否有能力让自己快乐也让身边的人快乐。生命的平衡就是教养的真谛，而所有的教养建议与步骤，在这个时候，也都化成无形。

因此，想爱孩子之前，请先好好爱自己。如果你感觉自身有很多痛苦，那么亲爱的，我们真诚地建议你，寻求专业咨询师的帮助。如果已经有一套科学的方法，可以有效地帮助人更好、更幸福、更快乐、更美满，而不是单纯地对你索要灵魂、头脑、思考、心结，我们为何不这么做呢?

最后，谨祝所有的父母，在这一段独特的旅程里，体验、感受、成长，而后，尽兴游一回。

图书在版编目（CIP）数据

我的孩子不听话：4216个捣蛋鬼成就的事 / 杨钰莹,
笛飞儿EQ教育合著. -- 北京：北京联合出版公司,
2018.4
ISBN 978-7-5596-1763-7

Ⅰ. ①我… Ⅱ. ①杨… ②笛… Ⅲ. ①家庭教育
Ⅳ. ①G78

中国版本图书馆CIP数据核字(2018)第040180号

著作权合同登记 图字：01-2018-0959号

我的孩子不听话：4216个捣蛋鬼成就的事
作　　者：杨钰莹　笛飞儿EQ教育　合著
总 发 行：北京华景时代文化传媒有限公司
策　　划：左　夕
责任编辑：孙志文
封面设计：主　语
版式设计：虞　斌
责任校对：朱　艺

北京联合出版公司出版
（北京市西城区德外大街83号楼9层　100088）
北京中科印刷有限公司印刷　新华书店经销
字数110千字　690毫米×980毫米　1/16　11印张
2018年4月第1版　2018年4月第1次印刷
ISBN 978-7-5596-1763-7
定价：42.00元
